人脉
是设计出来的

张超◎著

吉林出版集团
北方妇女儿童出版社

图书在版编目（CIP）数据

人脉是设计出来的 / 张超著 . --长春 : 北方妇女儿童出版社, 2011.7
ISBN 978-7-5385-5713-8

Ⅰ. ①人… Ⅱ. ①张… Ⅲ. ①人际关系学－通俗读物 Ⅳ. ①C912.1-49

中国版本图书馆 CIP 数据核字 (2011) 第129398号

人脉是设计出来的

作　　者	张　超
出 版 人	李文学
责任编辑	李少伟　张晓峰
封面设计	柏拉图
开　　本	635mm × 995mm　1/16
字　　数	180千字
印　　张	13.5
版　　次	2011年8月第1版
印　　次	2011年8月第1次印刷
出　　版	吉林出版集团 北方妇女儿童出版社
发　　行	北方妇女儿童出版社
地　　址	长春市人民大街4646号 邮编：130021
电　　话	总编办：0431-85644803 发行科：0431-85640624
网　　址	www.bfes.cn
印　　刷	三河市文通印刷包装有限公司

ISBN 978-7-5385-5713-8　　　　定价：28.00元

序

成长靠自己
成功靠他人

不论你现在身处职场的哪一个位置，如果你希望三年后的自己，能人脉通达、呼风唤雨，你就要从现在开始，布下一个局。

布局决定格局，格局决定结局。

不要以为这本书是讲那些人人都懂的大道理，例如：真诚就会有人脉，守信就会得人缘……

这些美好的品德很重要，但远远不够。多数人不缺乏真诚之心，却苦于不会正确地表现真诚。

有两类人能够证明这一点：第一类人是看起来不那么靠谱的人，他们心机重重。短期内，他们不缺人脉，也不孤单，在一群新认识的人中，他们长袖善舞，会得到他人的认可和帮助。可是，长久来看，他们身边可信的人会越来越少，这证明了品德的重要性。

第二类是老好人，他们拥有很多美好的品德，但是在人脉的经营中，他们总像缺了点什么，老好人常常是被他人利用。所有人都非常认可老好人的德行，却往往忽视他们内心的声音和需要。老好人成了人脉账户上常年亏空的一类人，总是在付出，却不懂索取。这证明了想经营人脉，除了具备品德之外，还要有手腕。

人生最重要的投资，就是了解自己，选对方向！永远在最短的时间，用最对的方法，去做最对的事情，得到一个最好的结果。你回头看看过去的生活，你在吃上花了很多时间，在穿上花了很多时间，在玩上花了很多时间，在学习上花了很多时间，但是一总结，你发现自己不成功的原因，在于自己从来没有在学习人脉设计上花过一分钟的时间。

人脉是设计出来的，从完善自己的内心世界，强大自身能量，到与他人接触过程中占据主动性，在该进攻的时候进攻，该防御的时候防御，每一步都需要训练！

这要基于对他人心理的把握，掌握与人相处的规律。只要你掌握人类内心活动的规律，那么你想让一个人做一件事情的时候，就不会只依靠直接的说服与请求，而是巧用心理规律，控制自己的行为——你知道自己这样做，一定会迫使对方那样做。进而控制他人于无形中，并轻松掌握了他人的情绪按钮。

每个人在时间面前都是平等的，你可以用时间抱怨自己没有出生在一个富贵的家庭，也可以用时间抱怨周围没有什么“贵人”，当然，你更可以用时间为自己的生命掌控些什么。

生命中你会遇到好人，也会遇到坏人，但是只要懂得设计，所有人都是成就你的贵人。你自己，就是生命的掌控者！

人脉是设计出来的

目录

CONTENTS

上篇 要想别人靠得住 先要自己站得住

清点自己有什么

奋斗十年，还是不能和你一起喝咖啡 /002

“拼爹时代”要学改运术 /003

合理目标打八折，不会差到哪里去 /004

劣势用对地方变优势 /006

找借口，只为光明正大失败

你想拍板，没人拦得住你 /008

没有“好开始”，就从“坏开始”开始 /009

试错是把双刃剑 /011

认错改错让你更高贵 /012

扔掉短板不是自杀是自救

大熊猫也无法令所有人满意 /015

演别人，再好的演技也会搞砸 /016

测量自己的承受力范围 /017

允许自己不接受 /019

日记帮你懂自己懂他人

观察力改变世界 /021

帮你算笔时间账 /022

有钱的朋友图你啥？ /024

日记营销你的影响力 /026

所有言行就是你的品牌

奔驰=威望，你呢？ /028

一句话定义形象 /029

别和全行业的顶级高手对垒 /031

不求更好，只要与众不同 /032

可以无钱，不可以无趣

埋头苦练不如抬头看路 /035

吃喝玩乐皆学问 /037

样样会，就样样有机会 /038

善于捕捉赢时机 /039

聪明人需要加点“笨精神”

聪明人不要耍聪明 /042

有些无用功注定要做 /043

你要大收获，还是小欢喜？ /044

笨一些，赢得信任多一些 /046

自动屏蔽恶意，给自己一个好生态

周围的朋友都好运吗？ /048

敢于否定，让自己变得更好 /049

打断联结，自己控制话题 /050

学说话，会表达 /052

心境和顺，吸纳资源

和顺语言引导事态进入和顺 /054

越顺应越无懈可击 /056

强大的自信就能包容 /057

提升满足感，壮大自信 /058

随时推销自己，收获无意间到达

自我营销，见到机会不放过 /060

电话总不响，你就打出去 /061

最重要的人脉要留给自己用 /063

三类关系谨慎用 /064

中篇

知人性攻人心 谁都可以被设计

突破舒适区，把陌生人变熟人

和不喜欢的人打招呼 /068
接触陌生人，不急着露笑容 /069
7秒钟，你能留下什么 /071
表达积极，展示个人魅力 /072

要成为狮子，就要待在狮群

以人脉为镜子 /075
给大人物写信 /077
一无所有，就交流读后感 /078
使用身体语言增强气场 /079

在你没晋升之前，给晋升造势

观察让你摸到命门 /081
想晋升，你会聊天吗 /082
拥抱任何一个改变 /083
别逼他人比自己更出色 /085

准备好你要说出来的“秘密”

辨别信息真假 /087
谈吐随性，前途堪忧 /088
交深言深，交浅言浅 /089
秘密早准备，距离好把握 /091

会用钱，才会成事

你的价值不要免费提供 /094
人有两扇翅膀才能飞 /095
差旅费和工资，你想涨哪样？ /096
财聚人散不划算 /098

在与牛人过招时赢平等

不增加价值就不索取 /100
一句话击中内心 /102
把人情债当手段 /103
遭遇挑衅先反问 /104

辨别忠告，远离“控制狂”

人人都是“控制狂” /106
别轻易接受“我是为你好” /108
争辩得胜，人品失利 /110
做自己，强势对付“控制狂” /111

不求完美，只求平衡

生活品质不打折 /114
让自己吃饱，再给别人 /115
换个角度看待不平事 /117
别人给你的光环，请不要接 /118

处理矛盾不伤感情

接受还是拒绝：看你做什么假设 /120

水滴石穿，改变格局 /121

放小事，谋大局 /122

谨慎守来好结果 /124

巧妙做事，出色不留痕迹

想出色，就要找时机 /126

巧用尊敬拉远距离 /127

利用好非正式场合 /128

做好记录，防范被抢功 /129

客观准则：有效沟通就要解决问题

会听才能会说 /131

想不发火有妙招 /133

沟通以解决问题为本质 /134

妥协是门艺术 /135

下篇
职场不惑
藏露有道得支持

合作是一门艺术

合作就是合理控制 /138

先兵后礼得感激 /139

轻信他人就是挑战自己 /140

培养乐群气质 /142

人情练达：参与竞争不回避

有胆量才有机会 /145

良性、恶性竞争都要赢 /146

让对手折服你的威严 /148

潜规则不可怕，实力不强才怕它 /149

管理情绪才能管理他人

失意时别在人前流露狼狈 /151

情绪不定，源于无目标 /153

学做石灰：越被泼冷水，越热气腾腾 /154

吃小亏，不动怒 /156

老板不能选择，心态可以选择

老板吝啬：帮他省钱少浪费 /158

老板多疑：汇报工作好处多 /159

老板寡恩：讲究原则无烦恼 /161

老板无能：你的机会到了 /162

长久操作，让客户对你忠诚

投递名片留印象 /164

对客户说“这不适合你” /165

客户爱发火，不是针对你 /166

学会套牢：服务之后再服务 /168

同事变战友，利人利己可双赢

私人领域不侵犯 /170

是非朝朝有，不听自然无 /171

放大积极美好的一面 /173

尊重不同，沟通不是万能 /174

一步一脚印，画好升职图

地位高，任何性格都优秀 /177

花80%的能量经营20%的重点关系 /178

管好十人再找机会管百人 /180

让自己真正享受其中 /181

要想活得久，说话做事有保留

非工作场合别放松 /184

谨慎发邮件 /185

打击别人难获尊敬 /187

过度炫耀招攻击 /188

职业化手法，让你被信赖

办公桌也能展示实力 /190

犯了错误不失威信 /191

小事做好显优势 /193

带着答案提意见 /194

跳槽也要拼人缘

跳槽之前多准备 /196

跳槽不等于一刀两断 /197

流程合理不伤人脉 /199

在你的公司创业 /200

上篇 要想别人靠得住 先要自己站得住

如果你自身没有修炼好，全世界最好的东西迎面而来，也会擦肩而过。

清点自己有什么

奋斗十年，还是不能和你一起喝咖啡

上大学的时候，我有两个好朋友，一个是标准的富二代，对老师，对同学都舍得花钱，业余生活丰富，有眼界，人缘超级好。还有一个来自偏远地区，条件非常艰苦，他千辛万苦考到大城市读大学，一直很努力，没课的时候一定在自习室苦学。但因为他情绪起伏不定，常和他人发生矛盾，所以，朋友只有我一个。

毕业的时候，条件艰苦的朋友私下告诉我，他想超越的目标就是我的那位富同学。我当时劝过他，却被他打断。

现实总是残酷的，N 年过去了，条件艰苦的同学至今还在大城市为了房子焦头烂额，而富同学早已实现财务自由。一次同学聚会的时候，大家问到富同学业余生活有什么娱乐活动，他回答自己和妻子都喜欢简单的生活，唯一的娱乐活动就是旅游。大家都想知道他去过什么地方，一了解，国外那些值得一去的好地方他去了大半。在他看来，地球其实并不大，几年下来，就可以把红旗插到地图上很多地方。

这样的谈话对于我那位条件艰苦的同学来说，简直就是灾难。整个聚会过程中，他脸色铁青，临别的时候，我没有问他“还好吧”。

我知道这么一问，就会使他崩溃。

这让我想到了一句话："奋斗了十年，为什么我还是不能和你坐在一起喝咖啡……"其实，咖啡并不昂贵，而是为生活所迫的人没这种怡然自得的心情，总要为生计而忙碌，操心。他们也曾以为靠自己努力，就一定能在几年内实现与富同学地位平等，可是后来，他们失望了。

机遇是机遇的门窗，贫穷是贫穷的墙壁，穷人最终损失的不是钱，而是真正认清自己、认清时代的冷静与清醒。

"拼爹时代"要学改运术

也许，自身的强大要从第一件事开始，就是认识到自己的家庭，自己父母的情况。

父母留下的基业是大部分人第一桶金的筹码，从现实的角度举例，一个有着沉重家庭压力的孩子，大学毕业的时候，月薪不到 1 000 元，相当于年薪只有 1 万元。因为家庭负担，他更不敢轻易辞职。这样来看，如果薪酬每年以 30% 速度增长的话，那么等他到 30 岁的时候，年薪大概不到 4 万元。

但条件优越的家庭，有可能直接给孩子找到年薪 10 万元的工作。即使富同学开始也只有月薪 1 000 元，但由于不用把工资交给家庭，也不用担心花完了没生活费，这样他们就可以玩得起，输得起，把钱用于个人投资。他们可能是投资自己用来充电，也可能是用于多样理财，这样更容易达到年薪 10 万元。在年薪 10 万元的基础上，每年同样以 30% 的速度增长，到 30 岁的时候，年薪就是接近 40 万元！

各位读者，你可能觉得年薪 1 万元和 10 万元能做的事情差别不大，只相差 9 万元，都买不起房子，但 4 万元和 40 万元能做的事情差别可就太大了：4 万元买不起房子，但 40 万元买房子就容易多了。这就是薪酬增长中的马太效应现象。

从这里我们能够看到，很多人确实不在同一起跑线上，这是命运吗？

其实，命是定的，运，却是流转的。

只不过，改运要靠自己的领悟和把握。

当他人父母财富的积累是自己家庭的十倍、百倍时，承认差距的存在，才能够让一个人认识到自己的本事、自己的短项以及达到一生的具体目标需要哪些长项。

这样，和自己比，就不会把自己逼疯。

自信不是一个兜里只有 10 元钱的孩子，一定要说自己比兜里有 100 元的孩子还要富有。

自信是兜里只有 10 元的孩子，走出自己的自卑，强大内心，对自己的劣势进行填补。同时，也要学会用钱以外的东西，例如用智慧和聪明来赚取自己想要的财富。

合理目标打八折，不会差到哪里去

小芬大专毕业后，没有找到好工作，就来到一家女装店打工。

她感觉自己和其他店员不同，自恃学历高，每天都想自己会成为一个女作家。

卖服装的时候，小芬常常心不在焉。

因为店员的收入与提成有关，月底业绩排行小芬排到了最后一名。

万分沮丧的小芬发动所有的关系，帮她联系新工作。由于种种原因，她找到了我，让我帮忙给她找工作。

开始的时候，我想帮助小芬分析在女装店业绩低的原因，可是小芬丝毫都不感兴趣，她摇头说："我不在乎业绩，我在那里工作，只想用多余的时间来学习……"

我问她："学习的目的呢？"

小芬说："成为韩寒那样的作家。"

听完她的话，我知道再不帮助这个女孩打开心结，她就一辈子生活在梦想里了。

我对她说："你上了三年大学，有那么多时间写东西、读书，你成为作家了吗？况且，韩寒的成功有着很多的背景，拿家庭来说，他有个做主编的父亲，而且高中的时候他就已经展露出自己的写作才能……"

可能是我的话有些太直白，小芬低下了头，我想她用心听了我的话。

我接着对她说："不是只有学习才能改变命运，在这里你依然可以学到很多东西，如果你给自己定一个目标，5 年后要自己开一个品牌女装店做老板，你今天要学什么？首先，要知道怎样做好一个服务员，否则 5 年后怎么管理服务员呢？学会介绍衣物的材质和特色，还要学会察言观色……"

小芬的眼神里果然有了光彩。

就这样，小芬开始了脚踏实地的生活。

后来，熟人问我："这样鼓励小芬，她 5 年后是否真有可能成为老板？"

我说："根据小芬的出身背景，将来压力会很大。即使她已经表现出文学才华，但文坛的路也不好走。这个从来都是循规蹈矩的女孩很难坚持到自己成为作家的那一天。

“然而，给她一个合理的目标，即使5年后做不了大品牌的老板，打个八折，开个小店，也能维持生活富足；哪怕开不了小店，再打个八折，给别人开的服装店做个店长也会有不错的收入；如果做不了店长，再打八折，她也是个优秀的店员……

“无论如何，都比现在要好。况且，小芬有一定的中文功底，语言表达能力也都不错，如果她能用心投入现在的工作，未来的机会多的是。”

和小芬的这次接触，少了一个做梦的少女，却多了一个给社会和他人带来需要和价值的成熟女孩。

只有找到合理目标，才能让自己的优势真正发挥。如今的小芬，发挥了自己的知识背景，和很多顾客相谈甚欢，让女装店出现了“客带客、客荐客”的好情形。也成为被同事推举的“头儿”。

劣势用对地方变优势

审视自己，了解自己，才能找到最适合自己的生态。

自然界中的生物往往也寓意着人类社会的品性，在自然界中有狼的品性、羊的温顺和虫儿的精明。

现在社会中，很多人认可狼是具备优势的，因为有了狼才能开疆扩土，才能不断进步；还有人说，羊也具备优势，他们群居生活，带来宁静、繁荣与富饶；还有人说虫儿也没什么不好，因为有虫儿的存在才体现了生物界的多样性。

自然界的动物特性在人类社会中巧妙地结合，从而形成和谐的文化。

在一个组合中，狼性十足容易走向分裂，而羊性十足又会走向灭亡。

一个优势的组合，既要有创新意识、竞争意识的狼性风格，又有贯彻执行能力、踏踏实实工作的羊性风格，还甚至需要精明圆滑、善于处世的虫性的人来协调。

曾经，我们把狼说得太卓越了，几乎找不到任何的弱点，因此人人都争做狼；而把羊说得太软弱、太劣势了，几乎无可取之处。还有人根本瞧不起虫儿。实际上并非如此，虫儿也有虫儿的优势。

重要的是看在一个小环境和小生态中，更需要什么。

如果你了解到自己，把自己放到合适的位置上，你就能发挥出优势。

一句话回味

想做别人的时候，你就离自己很远，当你离自己都很远的时候，所有人都会远离你。

找借口，只为光明正大失败

你想拍板，没人拦得住你

小李感到工作非常不开心。

工作常常出错，总是遭到领导的白眼。

她学的的专业是旅游管理，从事的是财务工作。

工作来之不易，是父母通过关系安排的。

小李常说："财务工作太无聊了，我不喜欢这份工作，我倒是宁愿自己找一份喜欢的工作，和别人一样努力，如果那样的话，我就能发挥出自己的价值。可是现在没办法，爸妈都给安排好了……"

常常听到很多人有这样的抱怨。

实际上，说这类话的人，常常被我窃以为是天底下最自私的子女。

他们，貌似值得同情，实际上外强中干，实在找不到推卸自己不成功的借口时，就把一切归结到父母的身上。

再有能力的父母，也希望孩子自己能争口气，闯一片天空，这样，他们就不必再为孩子担心了。而不能适应环境的子女让他们屡屡失望，不得不伸出"援手"。

曾经，有许多年轻人问我："我找了个女朋友，父母不同意，我该不该听家人的意见？"

或者有人说："我毕业了，找工作简直就是父母替我选择的过程！"

每当听到这些话，我都会让他们先找自己的问题——在婚姻问题上，因为你都不知道自己如何选择，父母才干涉你的生活；在工作问题上，因为你不行，父母才帮你选。当然，你可以永远把失败推给别人，可是真正承受失败的人还是自己。

你想拍板，没人拦得住你！

当我们把不成功归结到一切客观因素的时候，就意味着我们可以肆无忌惮地选择失败了，借口永远是无穷无尽的。这样，再和朋友聊天的时候，我们就可以拿自己那些说了一千遍的借口得到安慰和同情。

例如：不是因为我不行，是因为游戏规则不好；

不是因为我不行，是因为我比别人更自尊；

不是因为我不行，是因为坏人太多……

不得不说到的一点是，真正成功的人是不屑于听这些话的。

只有弱者，才和弱者交换懒惰和不成功的借口。

没有"好开始"，就从"坏开始"开始

做一件事情，你需要准备多久？

当我们还是孩子的时候，我们学习的东西是最多的。

从一个字都不会写、不会说，到写错了、说错了，再到最后的写成了、说成了。

因为那时候，我们不成熟，不用担心面子，不需要找借口，想学的时候就去学习，错了就改正，然后成长。

现在的我们，要唤醒这种我们已经具备、只是有些遗忘了的巨大能量。

不要总是在 A 和 B 之间犹豫，路是走出来的，不是选出来的。

当你没有一个“好开始”的时候，就从一个“坏开始”开始吧。

不要给自己找太多的借口，有的事情真正做的时候，你就会发现没那么难。

曾经，我受邀参加一次访谈，作为一个经常写东西的人，我发现，写和说完全不是一回事，正如一个人能在 QQ 上与人进行“一对多”聊天，但是在现实生活中，他很有可能见到不熟悉的人时会脸色通红，羞涩木讷。

那次访谈应朋友所邀，不得不去，整个过程对于我来说痛苦极了。我感觉眼前、额头处像发烧一样，说出来的声音都仿佛不是自己的……

度过了难挨的时光后，访谈结束了。

没想到朋友很兴奋，坚持认为访谈效果还不错。

这让我略感欣慰，当我回过头再去观察自己此次访谈表现的时候，我发现紧张和不熟练是显而易见的。令我欣喜的是，状态再不好，我谈话的真诚度，以及表达出来的思考的力度是没有问题的。

这次我以为不成功的访谈，为我的人生打开了一扇窗户，让我更多了一种体验。此后，我刻意锻炼自己在多人场合说话不紧张的特点，多次实验后，我对自己更加了解了。原来，再怎么练，在面对很多人的时候，我还是不会像写作时候那么自然和自在。

既然写作能够丰富我的思想，让我自信也自在，那么，就不必让自己去学演说家的本领了，不得不发言的时候，要是还紧张，就允许自己紧张吧。

当我接纳了自己的紧张，我发现，面对再多的人发言，我居然也没有从前那么紧张了。

试错是把双刃剑

做一件事如果怕错，就会产生无数的借口。

借口往往指向的不是怕犯错，而是某些客观条件达不到才导致做不成。

做事情初期，试错是非常重要的。如果一个人想永远不犯错，最好永远不做事。就像一棵小树，即使长不成参天大树，但是不成长便变成了空壳。人不成长，也就成了废人。

不怕犯错，从犯错、改正这一过程中人们可以收获经验，经验是财富的来源。

为什么说试错是把双刃剑呢？

当一件事情做过两次以上的时候，试错的意义就开始降低。

同样的情境下做同样的事，结局也会是上次事件的重复。

所以这就要求人要具备总结的能力。

如果不想任何事情都去问别人怎么办，也不想自己闷着头走错路栽一跤，就要具备自己总结的能力。

就像一个女孩，她连续交往了三个同类型的男朋友，都分手了。这时她自己应该迅速做一个动作，就是找出纸笔写下交往过程并认真总结原因：

为什么自己会选择同类型的人？自己的心理上是否存在缺

口？交往过程中的哪一个环节，让对方最不舒服？对方从什么时刻开始对自己冷淡……

拿出纸笔，科学地分析一下，才能避免下一次犯同样的错误，才能看清自己。

如果不去学习、分析、判断、总结，那么交往再多的男朋友，结果还是徒劳。只有错误，没有成长，错误就白犯了。

相反，如果对行为作出科学分析，可以找到这样几个关键点：交往到哪一个阶段的时候，男朋友开始疏远自己？自己做什么动作，或者说什么话的时候，男朋友出现了不耐烦的反应？男朋友对自己不满意的地方在哪里？

做好了分析，不用任何仙人指路，想要下一步顺顺利利，她自己就会有方案。

认错改错让你更高贵

很多人犯错的时候，都会给自己找借口，这往往是因为他“好面子”。

实际上，一个人的面子有多重要呢？越是有成就的人往往越不在乎面子，而是尊重事实。

索罗斯是人们都不陌生的人物，人们总把索罗斯称为金融大鳄，那他是怎么看待错误的呢？

在索罗斯看来，人的认识天生就不完美，获取的知识并不足以指引其行动，这便是“易错性”，需要人们不断犯错，不断承认，不断修正。

拿投资来说，错误是绊脚石，却也是成功之源。

他曾经在接受采访时这样说："我有认错的勇气。当我一觉得犯错，马上改正，这对我的事业十分有帮助。我的成功，不是来自于猜测正确，而是来自于承认错误。"

我们是不是这样呢？

做工作和与人交往的过程中，"是不是错了"这个判断并不难，而我们人为地把一件事情复杂化，找客观的理由或借口来保全面子，只会让周围的人发现我们自身的局限和狭隘，会让犯错误的自己更没有面子，并斩断下一次通往正确的可能性。

即使你的经验再丰富，在判断和处理一件事情的时候都可能有失误，因为生活中总有一些你看不到的变量，可人们总是习惯于在自己的立场上，对获得的信息进行过滤，他们往往更倾向于自己希望获得的信息，来佐证自己的观点。

索罗斯从不找借口，他说："认错的好处，是可以刺激并增进批判力，让你进一步重新检视决定，然后修正错误。我以承认错误为荣，甚至我骄傲的根源来自于认错。"

有时候，放下面子，你才会真正有面子。

我还记得朋友给我讲过，他的公司中曾经来了位博士，本来朋友是非常期待与这位博士合作的，因为他在招聘会上，感受到了博士良好的谈吐。可是令朋友郁闷的是，这位博士来到公司之后，和大家相处并不融洽。

博士总是摆出一副高傲的样子，这让其他同事也不愿意帮助她。有一次，有一个重要的客户要来，朋友让博士安排一下，中午一起吃饭。博士答应了一声人就没影儿了，过了好长时间，博士气喘吁吁地回来了，原来，博士亲自跑到饭店去订了个包间。

朋友不禁说道："以后遇到这种情况，向同事要个饭店的电话打过去就可以预订房间了。"

可是博士很不服，她说:“为什么自己能办的事儿要麻烦别人，我向来靠自己解决问题。”

最后一句话让朋友彻底放弃了这位“人才”。

一句话回味

当我们没有什么奋斗过程可炫耀的时候，我们就会炫耀自己有多倒霉。

扔掉短板不是自杀是自救

大熊猫也无法令所有人满意

盛水的木桶是由许多块木板拼成的，盛水量也是由这些木板共同决定的。若其中一块木板很短，则此木桶的盛水量就被短板所限制。这块短板就成了这个木桶盛水量的“限制因素”，这就叫做“短板效应”。

人们都知道，若要使此木桶盛水量增加，只有换掉短板或将短板加长才成。

短板效应往往被人们误用。很多人以为自己性格中的短板必须补齐，才能拥有更好的人脉。例如内向的人，总是想补长内向这块板，外向的人又渴望自己内敛。

这是一种误会。如果你认为性格是短板的话，那么扔掉短板吧，没必要纠结在这么痛苦的改变上。对于工作来说，如果你因为自己的性格外向好动，不巧你又从事了一种每天只面对档案的工作，那么你可能要做的改变只是换一份工作，而不是拼命地想着去改变性格。

你用了几十年的时光来完成性格的建立，想用朝夕来改变，绝非容易的事情。

没有任何一种性格是完美的，对于人脉来说，也没有哪一种性格的人就注定经营不好人脉，只不过需要不同的方法而已。道理很简单，每一类人，都有适合自己的人群。

融洽的人际关系有时候并不是和人人都融洽。恰恰是和一些人的不融洽表示了你的成熟。你会明白，有一些人出现在你的核心圈子里，你可以信赖他们；还有一些人稍微远一些，你愿意接触他们，与他们共事，但并没有打算把他们当朋友；更值得注意的是，还有一些人注定不是你的朋友。没有层次感，自己没有判断，就无法设计你的人脉。

正如白岩松曾说过："我没想像大熊猫那样让全中国人民都喜欢我，从来没有想过。"当然，正因为他坚持做了自己，他的实在更让人感觉亲近。

有意思的是，大熊猫也无法做到让人人满意。我就接触过一类朋友，他们因为感觉大熊猫"胖"，而不喜欢它。

况且，你我都是要在有限的资源当中求生存、谋发展的人。让别人喜欢自己，这不是我们活着的目标。很多事，别怕别人不高兴，当你对自己的性格坚持的时候，别人就会适应你的改变而改变。

演别人，再好的演技也会搞砸

我有个朋友，性格异常火爆，即使他在公司里发生不顺心的事了，不管周围有多少人，他照样大呼小叫。按理来说，这样一个人，大家都会对他敬而远之。

事实却恰恰相反，他和所有的同事关系处得都不错。一般人如果爆粗口，会引来对方的攻击，偏偏对我这个朋友无所谓，大家最常说的一句话就是："这个人性格就是这么暴躁，反正也习惯了。"

在这里我们会看到，朋友的性格让别人学会了改变。

当然，尊严来自实力，不是来自于演技。朋友在业务上是毫不含糊的，他做一件事情的时候，能够充分表现出思路的缜密和手法的老练。用"水鸭子"来形容他毫不过分：水鸭子在水中总是高高仰着头，一副骄傲的样子，这如同朋友本色的性格：不装。然而，水鸭子会不会因此就停止发展了呢？实际上也没有，水鸭子的脚在水下拼命地划着，这是朋友做事的方法。就是抬头做人，低头干活。

反之，一些演别人的人就会把戏演砸了，明明内心很骄傲，还要表现得很谦虚，时间一久，人们一定会送他两个字——"虚伪"。

人与人接触，保持真实很重要。不要改造别人，也不要轻易被别人改造。相对来说，一味地改变自己迎合别人，难度是不可预知的。因为不同的人，需求不同，越改越累，越改越气，只会把自己折磨得心浮气躁，不得人心。

在不失大格的情况下，对自己多一点坚持，大家会接受你的性格。

测量自己的承受力范围

小林在工作中感觉不到快乐，虽然他经常帮助别人，然而，对同事尽心尽力的帮助，反而被别人当成了习惯。

他开始反思自己的性格，是不是应该改变？帮助别人究竟对不对？

其实，这个问题的根源不在于帮助别人对不对？而在于你究竟是个怎样的人，你是真的愿意帮别人，还是刻意做出来的，刻意来改变自己，逼着自己帮别人的。

让我们先分析一下小林帮助别人的动机是什么？

很多人常说帮助别人就能收获快乐，我不否认这种说法，在一定程度上来说，一个人有一锅米饭，在吃不完的情况下，帮助别人的确能够收获快乐。可是，如果一个人只有一碗米饭，自己吃完刚刚饱，他拿出半碗米饭帮助别人，这样的“帮助”一定有所求——也许是为了得到别人的感激，也许是为了博得好人缘。

如果不是，帮助别人就一定是错！如果当一件事情你不想做的时候，就一定别去做。你坚持做不喜欢做的事情，是有一定的目的的。

这个目的可能是同事对你的回报，或者同事给你的好口碑。

在有所求的情况下帮助别人，万一你坚持的目的达不到，你就陷入全面崩盘。这也就是说，如果你天生不是乐善好施的人，也一定不要装，自己心里流着泪的时候，你可以不去给别人施舍钱财。

反之，如果你真的是愿意帮助别人的人，你会不大在乎结果怎么样，因为你就是这样的，帮助别人就如同喝水，呼吸一样自然。你对同事的好，你也会忘掉，你从中收获了快乐。

工作中也是如此，当你不愿意帮助一个人的时候，不愿意就是不愿意。不必为了迎合大家都喜欢一个爱帮助别人的人，就把自己演成另外的一个人。

拿小林来说，工作的第一位是检查本职工作完成情况，自己能力强，有余力的情况下，帮助别人，收获经验，就不必抱怨同事不领情。反之，自己的工作没做好，还帮助别人，是一种不负责任的做法，即使得到同事暂时的道谢，也不会得到同事发自内心的尊敬。况且，一般情况下，同事会感觉小林不够职业化，不成熟。

一个人不懂得帮助自己，就没资格去讲帮助别人。

况且，除了帮助别人，还有很多事会让大家发现你的优点。首先你要自己尽快发现自己身上的闪光点，例如你是个信守承诺的人，同样也会靠这个优势赢得大家的尊重。

允许自己不接受

很多朋友为了营造好的人脉，就会改造自己的性格，试图通过修炼自己的性格，容纳不同性格的人，实际上这样并不是完全正确之道。

有时候，当一个人更懂得自己的时候，就会明白自己与某类性格的人没必要融合，这反而让他能够轻松与他人相处。

小金是个性格温和的人，她和公司的同事小慧关系很好。小慧是那种说一不二的人。因为部门中只有她们两个是女性，很自然小金就和小慧就走得近一些。

因为小慧的强势，小金总是感觉心里不舒服。但是她劝服自己应该为了良好的人缘而向小慧妥协。

小慧一次又一次表现出来的强势，终于让小金感觉到自己想错了。该修补心量的不是自己，也不是小慧，而是应该重新调整两个人的距离。

同在一个部门，每当小金被领导找去谈话的时候，小慧就会缠着小金问领导找她说什么了。开始的时候，小金还想含糊其辞，但是在小慧的逼问下，不得不将领导说的话原封不动地告诉小慧。

后来，小金发现自己居然有了一个向小慧汇报思想的习惯。每当有事，就主动汇报给小慧。这让小金感觉完全丧失了自己。

于是，小金不得不疏远小慧。领导再找小金的时候，小金不再回答小慧的提问，面对小慧强势的目光，小金平静地扭过头，做自己该做的事情。这让小金终于松了一口气。

实际上，有的人注定不是你的朋友，一味地补自己的短板是没有用的，例如在这个案例中，如果小金是一个本身就爱表现自己的“大嘴巴”，她就不会感觉到小慧的“侵犯”。这从本质来说，小金与小慧的距离注定遥远，如果近了，一定会有刺朝向对方。

总之，别说那些你感觉能给自己带来好处的话，而要说自己内心真正认可的话。

这样，你所做的一切行为，就会不停地被印证你说的是对的，给人留下深刻印象。否则，你终会暴露真相引发危机。

一句话回味

允许和接纳自己的不完美，你才找得到自信。

日记帮你懂自己懂他人

观察力改变世界

你会观察吗?

肯定有读者会说，只要有眼睛，从小到大都在观察，这有什么不会的。

实际上，日常生活中，多数我们都是在看，离观察力的距离还远着呢。

例如，你看到了一个人，但是你认真留意他的变化、表情，你总结他的习惯了吗?

就拿一起打麻将的人来说，如果你仔细观察，你就能够发现，打麻将的人有不同的性格，例如甲、乙、丙、丁都对打麻将感兴趣，但这四个人性格可以完全不一样。

通过观察，你会发现，甲每次赢的时候才开始舒展眉头，笑得非常开心，而他并不享受过程。

乙打麻将时很爱说话，例如哪个同事又买了个新包，新近出来什么新款的裙子，乙渴望的是大家能够凑在一起说话。

丙总爱问为什么，他不在乎输赢，但他很想知道怎么输的，怎么赢的。

丁更有意思，平常不怎么爱打麻将，突然最近你观察到，他打麻将的频率高了，他出牌时要用左手甩一下大钻戒，再打牌，要让别人注意到他的骄傲。丁喜欢“炫耀”。

在这些细节的洞察中，你在借助眼力靠近他人的内心。

有没有什么方法能让眼力提升呢？生活中很多细节如果你只是看，可能是看不出性格的，但是如果你今天的行为需要写一篇日记，那么你的观察自然提升。

你强迫自己书写，就会不自觉地强迫自己观察，因此你对人的理解才深刻。

此时，观察力就改变了你所看到的世界。当你对人的观察细致之后，世界会在你的眼睛里越来越明晰。

帮你算笔时间账

时间也是一种资源，对任何人来说，时间都是有限的，时间是比金钱还要宝贵的资源。

大家看看现在的口香糖和以前的有什么不同，有意思的是，现在的口香糖都是装在“药瓶”里的，它被摆在超市最明显的位置，顾客买了之后都不用撕掉包装，像吃药一样吃口香糖。好处是什么？节省了时间！

穷人喜欢轻松省事儿而不珍惜时间本身的价值，他们可以因买一斤白菜多花了几毛钱而气恼不已，却不为虚度一天而心痛，这就是典型的穷人对待时间的态度。

富人对时间的运用恰恰相反，富人所有的时间都是可塑的，有目的的，他们会让同样的一分钟创造出更有价值的事情。

有时候不得不承认的一点是，穷人的时间目的性过于单一，总是在节约金钱的过程中，穷困了一生。

时间和金钱是两种可以相互转化的资源，钱和时间成反比。从一个地方到另一个地方，要节约钱只能选择公共汽车甚至走路，要节约时间就必须付数倍于公共汽车票价的钱去打的。

正如我们常常看到来自于娱乐圈的报道，总是有一些明星被爆出“耍大牌”的新闻，记者们也感觉明星居高临下，回答问题时总是不耐烦，歌迷们要想耽误歌星几秒钟时间，讨一个签名或是握一握手，都非常困难。

而实际上，我们站在客观的角度想一想——时间的含金量对每一个人是不同的，例如比尔·盖茨之类的世界级富豪，每秒钟都有成千上万的钞票往账户上滚，所以就是穷国的总统想见他一次，可能都要预约。

如果你还不把时间当做你人生中最重要的资源，你就远离成功了。

你能算清你的时间是怎么用掉的吗?

很多时候，一天下来，你都不知道自己是怎么过来的。但是如果你有记日记的习惯，情况就不同了。日记可以很清楚地帮你算清一笔时间账。

例如，当你的日记清楚地记录了你这一整天满脑子就是一件事——因为买一斤白菜多花了两元钱而气恼不已。

如果没有日记，你就没有反思，但是有了日记，这会引起你的警醒，你会发现自己太不划算，居然为了两元钱难受，却不为虚度一天而心痛!

再例如，你清楚地发现自己每个周六、周日的日记都是在写同样的一件事情：洗衣服、收拾屋子、打扫卫生。

看到了这样的规律，你应该反思你的时间投入和产出比。例如，如果你一天的时间值300元，而你总是用一天的时间来洗衣服，洗一天衣服的价值是20元，那么你就等于损失了280元钱，其实，你完全可以花100元钱把衣服送到洗衣店去，而把时间用在最能产生效益的地方。

开始记日记吧，开始检查你的时间吧——把时间都投入到你能赚钱的事情上去，把所有不擅长的事情让别人去做，你用钱购买了时间，就等于延长了自己的生命。

有钱的朋友图你啥？

有钱的朋友和你本身就不平等，人都是有趋利避害心理的，他很难丝毫不图你的回报，就对你无偿付出。

常东和自己的好友沈伦决裂了。

他自己也没想到自己居然有勇气和这个曾帮助自己、财大气粗的朋友决裂。

他俩是“发小”，后来沈伦由于国外的某个亲戚资助，开了一家大型购物中心，生意做得很不错，常常帮助做业务的常东联系客户。

常东内心感激，于是每当沈伦需要自己的时候，也是义无反顾地付出。

一天，常东收到沈伦的短信：有事，需要你过来一趟。

此时的常东正在见一个客户，但是想到朋友，常东还是放下了客户，赶到沈伦办公室。万万没想到的是，常东不仅没有见到沈伦本人，而且等了足足两个小时后，给沈伦打了N个电话，沈伦都没有接。

终于看到沈伦了，常东不是个小气的人，他没有生气，而是焦急地问沈伦："你怎么啦，出什么事了吗？"

没想到走进屋的沈伦看着常东，只是笑着说："没大事，刚刚接待了一个客户，想打球，觉得你的技术好，就叫你过来。后来客户改主意了，我们一起便去了别的地方。手机忘记带了，也忘了告诉你一声，真是不好意思。"

这种事情已经不是一次两次了，这让常东非常郁闷。他头也不回地离开了沈伦的办公室。回到公司后，面对的是被他抛下的那位客户的不满和投诉。

常东终于决定好好思考自己和沈伦的关系了。他冷静下来，由对这件事的愤怒转向为思考两个人的交往，常东发现了自己原来一直都很被动——沈伦是个成功的商人，把时间视为生命，第一次两个人约见的时候，常东晚了不到五分钟，沈伦就已经拍桌子走人了。

可是他对常东的时间从不重视，他可以随意地安排常东花一整天的时间帮助自己做一些琐事，而不亲自去做。常东客观地分析了自己的心态：感到沈伦很有钱，也有能力帮助自己，就付出自己的时间，帮沈伦做他不想做的事情。这样沈伦就更加有时间把精力放到自己该放的地方上，而常东却越来越偏失自己的目标。

常东决定与沈伦再不来往的时候，心理已经过了一道坎，他告诉自己，客户是要靠自己争取的，如果总是依赖沈伦，就永远看不到自己的成长，常东愿意为了坚持自己，而放下这个朋友，把属于自己的时间拿回来。

这个故事会让我们看到，与有钱人交往，他们可能会图谋你的时间。

而有钱人的特点是珍惜时间，没时间做饭，他可以花钱请保姆来做。没时间洗衣服，他可以花钱把衣服送到洗衣店。他会把除了情感需求以外的琐事包出去，用省下来的时间创造更多的财富！

而当你没有经济能力解决这些问题的时候，你就必须事必躬亲，亲自来解决这些事情，这就形成了一个恶性循环：穷人越穷，富人越富。

想改变贫穷，第一步就从珍惜时间开始，当你的日记中发现某一个朋友（多数都是在经济地位上占上风的朋友），不够珍惜你的时间，总是请你利用时间帮他做他不想做的事情，你就需要衡量，你是想拿自己的时间帮助他成功，还是拿自己的时间帮助自己成功。

要知道，他的钱，是他的；你的时间，是你自己的。

千万不要把应该用来投资自己的时间，给他人作嫁衣裳！

日记营销你的影响力

一个人最难认识的人是自己。

日记可以帮助你认识自己，并营销自己的影响力。

我们对这样一句话不陌生："学雷锋，做好事。"而今天我要告诉读者的是"学雷锋，写日记。"

为什么呢？当年部队里做好人好事的官兵那么多，为什么我们只知道雷锋的名字——因为雷锋记日记。他的日记让我们了解了他是如何帮助别人，并以帮助别人为快乐的。

雷锋的日记让生活有了记录，也让他人了解了他。

我们是不是也可以把这个方法学到。通过工作日记，学习日记，成长日记，记录自己的行为，尤其在工作中，这份日记可能就是一份宝贵的资料。

因为这里有你从青涩到成熟阶段的真实记录，是一份很好的总结。

通过审视日记，站在过来人的角度，你会明白一个新人在面对这份工作时有什么样的困惑和困难，并且是通过什么样的方法来解决问题的。

把其中的规律找出来，贡献给你的领导和公司，你就是最与众不同的员工，大家就会感到你和他人不一样。你懂得思考，擅长总结，能作逻辑分析。

这样你便在同事中有了一定的影响力，也给领导留下了良好的印象。

一句话回味

你可以把自己的时间明码标价卖给你的客户、你的公司，却不要在不清不楚中被朋友的小恩小惠收买，应该提高你单位时间的价值，并永远避免去做那些浪费时间却回报甚微的事情。

所有言行就是你的品牌

奔驰 = 威望，你呢?

如果你想买休闲服饰你会想到什么？如果想买车子，在拥有一定经济实力的基础上，你会选择什么车？

你所想到的，往往就是品牌的力量。品牌是给拥有者带来享受、产生增值的一种无形的资产，对于个人来说同样如此。个人品牌不用到处发广告，也不用自己评价，而是别人给你的。就如你的名字，属于你，但是却被别人使用。

个人品牌打造的微妙和力量使人们产生了一种错误观念，认为这只是社会上成功人士的事。这种想法是不对的，想想看，那些产业名人最初是怎样成名的呢？他们一定是在自己还默默无闻的时候就打造了自己的品牌。

如果没有品牌，在同行业中工作时间再久，也难以保证路越来越顺。每一次见客户、处理事情的时候，还是不被他人信任，做起事来还会很累，就难以形成职业上的持续性。如果你能花一点时间建立起自己的品牌，只要你用心维持你的品牌，那么在一个行业发展下去，只要亮出自己的品牌，一切都会水到渠成。这就是为什么有些人的人脉会越来越宽广，在事业上越走越轻松的原因。有些人多年的时间和精力都不知道自己在忙什么，到头来竹篮打水一场空。

如同奔驰，这个品牌区别于宝马，沃尔沃等，它有自己的特点，就是该品牌给人的感觉是——驾乘奔驰车的人，很有威望。因此，对这种“炫耀性消费”有需求的人，就会直接购买奔驰，而不必在多个品牌车行耽误时间。

人同样如此，在一个行业建立起好的口碑，会让以后的路越走越顺。个人品牌给人一种清晰的、强有力的正面形象，别人一想到你，这种正面的形象就会浮现在他们脑海中。它体现了你在别人心目中的价值、能力以及作用，是你职业生涯中的第二个自我，影响着别人对你的看法，把别人对你的看法变成机会。

当他人需要做某事的时候，第一个想到的人是你，那么，在某件事情上你具备绝对的优势，被大家强烈需要。如此一来，好人脉，好前途，还会远吗？

一句话定义形象

你的同事、朋友，最常评论你的一句话是什么？

你对身边的朋友有没有一句话的定义？

实际上我们不论贴标签的这个行为本身是否正确，我们只分析其合理性。

高速运转的社会下，人们越来越依靠符号，例如给一个人贴一个标签，便于我们快速理解和分析这个人。

如果用一句话来评价你自己，难不难？如果平时你就没想过这个问题，难度肯定是有的。换一个场景，如果今天你跳槽，猎头让你简单描述自己，你该如何表述呢?

可以想象大部分人的回答就是，我曾经在以往的工作中，具有主动积极、勤奋肯干的工作态度。

其实，这些都还不够，不属于一句话点透你作为一个商品的最大特色。

一个能够让他人迅速想在职场和社会上有所成就的人，就一定要会善用这种“一句话定义”的力量。有无良好的公众形象，则完全是由你自己开始的。“一句话定义你自己”的力量何在呢?就在于它的简洁明了，越简单的东西，越容易被人记住，也越容易被人传播，杀伤力就越大。

如果你想不到用什么最简洁的话能定义和概括自己，那么别人就会用别人的理解来概括你。例如，当同事看到你利用公司电话往家里打电话，他们就会认为你“不职业化”，而这个定义有了之后，就很难改变。

反之，自己定义自己，取你最优势的地方，以合适的语言去包装它，不仅为主流所认同，也能突出自己与众不同之处。

我有一个朋友，想去应聘记者职位，他在简历中这样定义自己：一个细心留意周围生活的人。他把这个简历拿给我看，当时我就觉得很一般。我对他说，“细心”人人都会说，可实际上，擅长用强有力的事实证明自己细心的人却很少。我要求朋友证明这一点，他就给我讲了一个事例，由于他的细心，为当初就职的广告公司捕捉到了一个商机。

听完后，我建议他这样自我描述：细心，并能发现别人看不到的商机。

我不能肯定这样的自我定义是最好的，但放在简历的第一句话，至少会引起公司招聘人员不小的兴趣。自称细心的人太多了，几乎每个应聘销售的人都是这样自我描述，但敢说自己能看到别人看不到的商机的人就太少了。而且他如果应聘记者，就更能发现别人没有发现的新闻热点。

当然，这也要以真实为基础，一个天性不善于表达的人，或者一个爱说话但是没有条理的人，非要说自己善于沟通，如果你不能在短期内改变自己，走上岗位还能装多久呢？

应该尽快加深自我了解和自我总结的过程，只有最忠实于自我的人，才能总结出最好的一句话！

别和全行业的顶级高手对垒

想作出自己的品牌，专注力是一种很重要的能力。

正如很多国内大牌，每当他们涉足其他领域时，也就是该品牌走下坡路的时候，这似乎是难以摆脱的宿命。

其实这并不难理解，正如一个品牌想涉足所有行业，那么，它几乎就是与全行业的顶级高手对垒。如果一家企业以餐饮起家，积累了丰富的经验，在这个领域能做到行业前十名，但是它偏偏转型做商业会所，那么它就要和商业会所的前十名血拼。到最后，会因为摸不清门道，没有基础，投入越多，损失越大。

品牌如此，人有时候也是如此。佛家说五毒：贪、嗔、痴、慢、疑。这五种欲望中，贪放在最前，指人的欲望没有边界，没有止境。

如果一个人总想让人记住他所有的优点：既宽容又有原则，既安静又活跃……对不起，人们的关注力有限，他在人们心目中会是一个模糊的背影。人们只能记住一个人大部分时间里给大家留下的印象。

把自己最好的东西拿出来作为安身立命的根本，选择最适合自己发展的领域，展现自己的价值，这在现代社会很难，正因为很难，所以更加宝贵。

人们索取的太多，要展现的太多，其实远不如专一的眼光更能成就自己。有这样一个名词叫做：专一化战略，也称集中化战略、目标集中战略、目标聚集战略、目标聚集性战略等。值得是主攻某一特殊的客户群或某一产品线的细分区段、某一地区市场。它具有为某一特殊目标客户服务的特点。

我们也应该针对自己做好专一化战略。不必惧怕别人看不到你的优势，只要你持续强化自己的某一优势，有一天，它将坚不可摧。

不求更好，只要与众不同

大家对梅艳芳这个名字都不陌生，1982 年，19 岁的梅艳芳便以一首歌《风的季节》被惊为天人，后来录制的第一首歌曲《心债》，已有极佳口碑，并登上“香港电台中文金曲榜”冠军位置。

但是，那时的她虽然音乐天赋得到认可，却没有突破，直到个人专辑《赤色梅艳芳》推出，著名形象设计师刘培基精心打造的新造型给公众留下深刻印象，她才一举丢掉由于没有个人特色而顶了一年的“徐小凤第二”之名，此后更创出了自己独特的舞台形象，成为歌坛百变天后。

王菲也是如此，出色的艺人不求比某个人更好，而是就要走与众不同的路。

再给大家举个例子，在房地产界，潘石屹不是最有背景的人物，但他是一个最能利用市场化意义上的社会资源的人。潘石屹说：“大概在七八年前，设计师在我的名片上设计了一个穿着唐装的漫画潘石屹，后来就成了LOGO。一个活生生的人总比一个标志好，这就成为了公司的标志。后来很多记者就说‘你行吗’，我就说米老鼠和唐老鸭就是两个品牌标志。”

他充分利用了市场战略中的差异化策略。物质产品的造型设计是最容易模仿，有时也是最不具备核心竞争力的东西。于是潘石屹拍广告、拍电影、出书、做主持人，把自己建立为品牌，为商业铺路。他说：“说我善于表演，其实质是商业的需要。你不出去表演没人知道你，房子就卖不出去了。”“我对媒体一直深怀敬畏，再小的报纸，也有成千上万的读者，比你一个人挨个宣传省力多了。所以，只要可能，我会尽量满足媒体的采访要求，像祥林嫂一样，一遍又一遍讲述自己的童年往事、创业史、人生观、世界观、财富观、地产观、艺术观……”

从商业的角度来评价他，在他极富天分的灵感发挥下，能够抓住稍纵即逝的市场机会进行另类出击。

那些成功的人，不在于比前面的人更好，因为起步已经晚了，想要超越就太难，而是独辟蹊径，他们明白自己要走哪条路，而且明白要到达目的地就得在别人的印象中表现得与众不同。

建立自己的个人品牌，不必局限在要“比某个人更好”的思路上，只要与众不同，你就是一个新门类的老大。

一句话回味

瞬间认知、瞬间联想就是品牌，品牌一形成，改变就很难，因为世上最难的事就是改变别人的大脑。你让大家一提到你的名字，就想到了什么？

可以无钱，不可以无趣

埋头苦练不如抬头看路

人们通常认为一味埋头苦练就会成功。

环顾周围，刻苦努力的人太多太多，为什么他们没有成功？

于是又有人说："努力没有用。"

其实，努力有用，但要看在哪个行业、哪个环节发生作用。

拿销售人员来说，埋头苦练不如抬头看路。不看看成功的业务员如何做销售、如何拿单，自己就永远"勤劳而不富有"。

有一个年轻人曾向我抱怨过命运的不公平，他从事的是销售工作，他发现在工作中，美貌的女性总是占很大的优势，运气也总比他好。

我让他讲具体的情况，他说自己把事业当做亲密爱人，基本上除了睡觉，他把其他的时间和心思都放在了工作上。为了拜访客户，自己几乎从来没有休息日的概念。

可是，他的一个女同事就不这样了。这个同事平时的生活非常悠闲，业余生活也非常丰富，K歌、肚皮舞、高尔夫，她样样精通，每次谈业务，一切又进展得超级顺利。

我问他："你的女同事有什么特点呢？"

他不以为然地说：“就是靠长相漂亮，会跳舞，会唱歌，哄着客户开心，然后就签了那么多单子，我的每一张单子都是自己辛辛苦苦跑六趟以上用汗水赚回来的！”

听完这句话，我又问他：“那如你所说，你们公司的这位大美女只是利用了自己的美色，同男性大客户签单？”

他说：“也不全如此，也有很多非常有实力的女性客户，也和她签单。她和人家东拉西扯，净说些没用的，不过最后，也能签单。”

听到这里，我完全明白是怎么一回事了。有时候女性优势是很重要，因为女性善于表达、性格温和等特点，更加适合服务于客户。但是他不明白的一点是，任何一个人在签约的时候，都是由感性转变为理性，他的女同事在业余方面并没有手软，只是她除此之外的亮点更加突出。

个人形象当然重要，爱美之心，人皆有之。但是还有这样一句话说得好“长得漂亮是优势，活得漂亮是本事”。一个人要想成功的话，最关键的因素应该还是个人素质。女性在同性中很容易有排斥感，但是就在这种情况下，漂亮的女销售员通过最巧妙的沟通，赢得了信任，排除困难完成了任务。

那些埋头苦练的人，从不知抬头看路，琢磨一下客户除了听那些推销的辞令以外，还想听什么。有时候，知识准备得再好不如说得好。说得好的根源在于要挖掘生活的趣味。在平时就给自己丰富一下业余的生活，因为你总不知道天上哪块云彩会下雨。

吃喝玩乐皆学问

很多工作都非常考验一个人与别人沟通和协调的能力。

诗人陆游在他逝世的前一年，给他的一个儿子传授写诗经验时，写了这么一句："汝果欲学诗，功夫在诗外。"还讲到他初作诗时，只知道在用词、技巧、形式上下工夫，到中年才领悟到这种做法不对，诗应该注重内容、意境。陆翁在另一首诗中又写道，"纸上得来终觉浅，绝知此事要躬行。"可以看做上句的绝佳注脚。

工作中就是如此，很多事情看似是与他人交往中沟通出了问题，实际上还是自己准备不够，不是专业知识不够，是生活中储备的知识不够。正如曹雪芹所说："世事洞明皆学问，人情练达皆文章。"

如果有人问你："我们一起钓鱼去吧？"

你说："我不会。"

如果有人问你："我们一起唱 KTV 吧？"

你说："我不会。"

如果有人问你："我们一起去……"

你说："我不会。"

那么，不是对方不给你机会，是你堵死了对方通向你的门。这都需要锻炼和日常训练。主持人蔡康永说得好——15 岁觉得游泳难，放弃游泳，到 18 岁遇到一个你喜欢的人约你去游泳，你只好说"我不会耶。"18 岁觉得英文难，放弃英文，28 岁出现一个很棒但要会英文的工作，你只好说"我不会耶。"人生前期越嫌麻烦，越懒得学，后来就越可能错过让你动心的人和事，错过新风景。

为了提高和别人更好的沟通，你的业余生活不应该是睡懒觉，或者泡酒吧，或者是“宅一整天而不动”。应该花一点时间去修炼自己的艺术才能，这才称得上“内外兼修”。所以，请花一点时间去认认真真研究“趣味”这件事。

例如，在与重要的人一起就餐之前，可以先从美食书、网上搜寻适合的餐馆，通过对食物的精心选择，显示出自己的诚意。当然如果只注意这些，你就会把更重要的语言交流忽略了，那就完全是本末倒置，得不偿失了。

吃一小时的饭就要用足一小时的交流时间，吃两小时就该用足两小时的交流时间,因此你更需要准备足够多的信息来制造“愉快的话题”，这也更能使这顿会餐物超所值。

别等临时抱佛脚了，给自己放个假，多点趣味，培养一两个业余爱好，不但你的心态会变好，事业也会有新惊喜。

样样会，就样样有机会

软实力会为你的人际交往锦上添花。

拿出一定的时间修炼软实力是必要的，在现代如此忙碌的节奏下，周末一些看似与职场毫无关系的特长培训班，如舞蹈班、插花班、茶艺班、歌唱班等，都是学员爆满。

为什么会产生这样的现象呢？因为职场人越来越发现交际中若歌唱得好、舞跳得棒，公司活动时正好有了展示的机会，某种程度上也为个人创造了更多机会。

想想看，一名刚踏入工作岗位的新人，在工作经验上他显然是薄弱的，不能给别人提供价值，那么，他怎么能让别人关注自己，同时又不让人觉得他哗众取宠呢?

如果他懂个小魔术，利用午休时间，给大家变个魔术玩，一下子把大家的兴趣都调动起来了，与他人话题也越来越多，距离越来越近，融入团队就不再是什么困难的事情了。

想拥有这种软实力，必须要前期投入时间。时间对于人们来说都非常宝贵，正因为如此，人们投入紧张状态而总是感觉没有时间。

可对于兴趣这件事来说，比你现在手头是否有了 1 000 万都重要，因为个人在社会消耗的财富是有限的，如果一个无趣之人，纵然有了 1 000 万，也是一场灾难。

拿出时间，感受你的兴趣，修炼你的人生趣味。每天面对忙不完的工作，面对复杂的人际关系时，压力会在无形中生成。人们也时常因为工作上的小事儿心生不满，影响工作的心情。

关注兴趣，修炼软实力，也就是对自己进行有效的压力管理。

善于捕捉赢时机

如果你所服务的对象是社会上的高端人士，你需要向他们推销高价格产品，对服务对象而言，这个购物的过程不可能是买一瓶洗发水，问一下成分、闻一下味道这么简单。拿销售挖掘机的人员来讲，挖掘机不同于一般产品，第一，购买者购买挖掘机的出发点是作为一种生产资料去赚钱的，因而能否赚到钱是其考虑的第一因素；第二，挖掘机是高价值产品，因而购买者在确定是否购买的时候要考虑很多其他方面的因素。

客户一定不会像购买快销品或生活用品那样，只需要作出简单判断之后即可作出决定。此时，业务员和客户之间打交道就放到了主体的位置上。能够打动客户，就能够成功。

这个过程中不难发现，挖掘机作为产品的资料背景，人人都可以熟练掌握，刻苦的业务员让他倒背如流也可以。可是，这些死记硬背的知识，在和他人打交道的过程中能发挥多少作用呢？靠这些真能打动人心吗？

我认识一个销售奇人，他是我的一个朋友。他达到的成交率令和他同样参加培训的人望尘莫及，更令人震撼的是，他对于“基础知识”的掌握不但不牢固，甚至还比不上销售业绩排最后一名的同事。

原因出在哪里呢？我的这个朋友最大的特点就是“有趣”，并能创造时机，抓住时机。这里的有趣不是指“能吹能侃”，因为对于大客户销售而言，“能吹能侃”反而让人感觉不踏实，不放心。朋友的趣味表现在和他的那些腰缠万贯的大客户接触，他从不怯场。因为朋友平时生活中就趣味广泛，无论是健身训练、养生知识、居家风水他都懂得不少。

他去拜访大客户和同事不同，与他同行的人总是精心准备好内容，见了客户就推销产品。而朋友则不然，他每次拜访客户，带齐资料，见了客户，总是很轻松地把资料递上，然后说：“这都是大产品，质量问题有保证的，各种手续、资料都在档案袋里，您可以随意检查。我今天来，有个发现，就是您客厅栽种了一棵树，从居家开运风水的角度来说……”总是在几句话之后，客户就对他刮目相看了。

靠着在第一时间与任何人不同，他给自己占了先机，赢得了主动权。

一句话回味

当整个世界变成彩色的时候，不要停留在黑白时代了，让有趣的人生扑面而来，让自己成为最亮的那一抹颜色吧。

聪明人需要加点“笨精神”

聪明人不要耍聪明

聪明人因为太聪明，容易耍聪明。

耍聪明是什么意思呢？柏杨曾这样说：“聪明到被卖到屠宰场的时候，还拼命讲价钱，多赚了五元钱，就心花怒放。”

“丢了西瓜捡芝麻”是聪明人容易犯的错误。

他们脑力充沛，才会看到常人看不到的“芝麻”，有了选择，因此更容易烦恼。正如大家熟知的《西游记》，我们从中可以看到最大的问题并非是要不要往上爬，而是如何抵御诱惑。许多人不是没有机会，而是机会太多，不晓得如何选择。大小妖精如果不是那么善于打探消息，就不会有灭顶之灾，正是因为知道吃了唐僧，长生不老，所以厄运难免。

在人际交往的言说中，老子曾说了一条智慧：“知者不言，言者不知。”

李智是个非常精明的员工，由于观察力强，他经常能提前想到老板的想法，大家很佩服他。

于是他更加愿意揣摩领导的心思。开始时领导似乎很认可，夸他脑子转得快，有眼力。可后来他自鸣得意，经常与身边的同事交流领导的想法，预测领导下一个行动，并提前做好准备。

结果出人意料，李智逐渐发现领导对他变得冷淡，不但不再夸奖他，而且经常挑刺儿。过了没多久，他被领导随便找了个理由，就给打发到一个“空闲”的职位去了。

从这里我们可以看到，聪明人一卖弄，一要聪明，脚下就容易摔跤。

拿李智的领导来说，与下属保持一定的距离和神秘感，可以让他们摸不清自己的底细。如果一举一动都被李智看得一清二楚，就像身边多了部X光机，令自己无所遁形，那种感觉就像天天在李智面前“裸奔”。

想既安全又聪明，那么可以看，却不可说，学会谨言慎行，还要适当装“傻”。在职场中，对于领导不想要别人知道的事情，自己就算知道也要假装不知。

有些无用功注定要做

聪明人向来不屑于做“无用功”。

学习是两个字组成，学是模仿，习是练习。

聪明人总是模仿快，却不耐烦练习。不耐烦练习的人，也往往没有耐心做事、做人。

给大家讲个故事，有个老艺人，他拥有这样一门技艺，就是用两只手玩三只球，有时候还不止三只球。

有人找他求师，老艺人的方法很简单，他让徒弟用沙袋练习这个技术，沙袋有一个好处，就是放在地上它不滚走。来跟他学艺的人，前几天学习的内容是把这个沙袋拿起来扔地上捡起，拿起来扔地上再捡起，就这样一直练了几天……

很多人在这个学习过程中都放弃了，有人觉得老艺人是强人所难，就问他为什么折磨前来学习的人。

老艺人悠悠地说："练球的时候最要命的是什么？是只想练球，不想捡球，觉得球掉在地上是个偶然的事情，很烦，不愿意去捡那个球。想跟我学这门技术的人，就是要在自己一天捡一千次、捡两千次沙袋的时候，慢慢转变观念。如果有一天，一个人能够懂得学这门技术，捡沙袋是必须要做的事情之一，进入这种心境的时候，他才是我的徒弟。因为这时他的心就会静下来，这些无用功也就没有白费。"

耐烦，是聪明人最需要完善的事情，拿工作来说，很多程序全是靠熟练，工作要讲效率，同样一个活，别人干一星期，你干两天，那你给企业创造的价值就多。日久天长，你拿的自然就多。那你为什么就干两天呢？靠熟练。熟练就是习来的，或者说得更直接一点，是时间堆出来的。

你能认真做好必要的"无用功"，有一天，你的功力就能够登峰造极。

你要大收获，还是小欢喜？

很多人都常常问我这么一个问题："老实人是不是天生要吃亏？""人要是不聪明，是不是总得不到好处呢？"

多数人的疑问都是在职场的背景下。

我接触了很多的企业高管，也多次聊到这个话题。给大家举个简单的例子，算是我对于这个问题的解答。

朋友手下有两个性格差异很大的员工，姑且称他俩一个叫小聪，一个叫小实。

小聪一进单位就表现得十分精明能干，很快就和大家打成了一片。和他相比，小实做什么都是慢热型。

做事的时候，小聪总是让我朋友（也就是他俩的领导）挑不出什么毛病，而小实却总是被朋友批评。

例如，朋友同时给两人安排工作。每当询问工作进程的时候，小聪的回答总是“马上好。”实际离“马上”远得很。问小实，他总是说：“刚做好一件，还有两件没开展呢。”朋友一听，当然就会对小实的答案不满意。

朋友总是安排小实做很多事情，一到提拔或奖励什么的，总是给那个少做事的小聪，大家说：“爱讨好领导的人得到实惠。”

我也好奇，曾想问朋友这个问题。

但总是因为太忙而搁置，当我下次去朋友公司的时候，得到新消息，小实已经顺利晋升，而小聪还是原地踏步。

这让我更加费解，找到朋友问其原因，朋友讳莫如深，简单的几句话就让我明白了情由：“我总是表扬那个小聪明的人，他们不就喜欢表扬和多发点奖金吗，为了鼓励他们做事，那就满足他们，而我的信任给那些笨人，他们才让人放心啊！”

所以，从这个事例中，我们能看到短期利益和长期效益是不同的，根据你内心的需求。智慧的你，会选择哪一种呢？

笨一些，赢得信任多一些

有这么一个传说。

有个云寂和尚已经是垂暮之年了，他知道自己在世上的日子不多了，就把他的两个弟子叫来，一个叫一寂，另一个叫二寂。他们来到方丈室后，云寂和尚就交给他们两袋子谷种，要他们去播种插秧，到谷子熟的时候再来见他，看谁的谷子收获得多，多者就可以继承衣钵，做寺庙的住持。

云寂和尚整日关在方丈室里念经，等到谷子熟的时候，一寂挑了一担沉沉的谷子来见师父，二寂却两手空空。云寂和尚问二寂，二寂惭愧地说，他没有管好田，谷种没有发芽。云寂和尚就把袈裟和瓦钵交给了二寂，指定他为未来的住持。一寂怎么会服气啊，当然不服，师父道，我给你两人的谷种都是煮过的。

原来云寂和尚在选择接班人时要看那人是不是淳朴老实，结果一寂玩了小聪明，作了假；二寂却淳朴老实。

这个故事，曾经被一个母亲用来教育他的儿子，听故事的孩子就是李嘉诚。

这让李嘉诚深刻意识到世情才是大学问。据说李嘉诚曾讲："以往99%是教孩子做人的道理，现在也会谈生意，约1/3谈生意，2/3教他们做人的道理。为什么，为世才是大学问，世界上每一个人都精明，要令人家信服并喜欢和你交往，那才最重要。"

诚然，谁会笨到连自己吃亏都不知道呢？谁会连基本的辨别力都没有呢？聪明人太多的时候，傻子开始不够用，这时候，内心坚守自己的观念，而外表貌似傻一点，靠近你的人会很多。

一句话回味

修炼心法，具备耐力，技法自然到达。当一个人开始追求卓越的时候，成功就会不经意间追上来。

自动屏蔽恶意，给自己一个好生态

周围的朋友都好运吗?

让自己周围的朋友都好运?

你具备这样的能力吗?

其实一点也不难，只要你从朋友中屏蔽掉那些总是坏运气的人。

总招来坏运气的人，往往眼中只有坏运气，要警惕他们将所接收的负面能量传导给你。不要骄傲地说，别人影响不到自己。影响是个细微的过程，你轻易感觉不到。

举个例子来说，一个人的爱人怀孕了，当他走到大街上的时候，就往往会发现街上有好多孕妇。因为他心里有什么，就会看到什么。坏运气也是如此，内心不平、抱怨，就会看到不公平和坏运气。

个人的能力是有限的，正如选了一个嗜烟如命的男人做老公，然后跟他斗争一辈子，跟他哭诉，帮他戒烟，可不到医生通知他再抽就没命时，他是戒不掉的。为这个事情，这个女人跟她的老公生了一辈子气。她不如当初就选择一个不抽烟的男人。

阳光的人，总是遇到阳光的事情。你有能力改善一切关系，就要从选择周围的人开始。

对自己周遭朋友聊天的话题做个归类总结，如果，每一次见面，朋友聊的都是坏消息，不舒服的事情，你就要重新考虑扭转话题，或者换个朋友。

我的一位女性朋友有这样一段经历，她和同事的关系非常好，同事们隔几个星期就会聚一聚，一起喝咖啡或者喝茶，有时候也会去酒吧，聊天的主题就是骂男人，已婚的女性骂老公，未婚的女性骂男友。最后的总结论只有一个：男人没有一个好东西。

发泄之后，朋友带着负面情绪回家的时候，总是对爱人充满了敌意。还有那些未婚女性，骂完男友之后，有回去当机立断分手的，还有一连几天都不和男友说话的。正因为她们不总结，把这件事情当做一种习惯，因此伤害到了伴侣，也伤害了自己。

人与人相处中，总有些关系不尽如人意，只注意到了关系中的消极面，会将问题夸大。正如上文中的女性，她们心里认为男人没有一个好东西，而这些女性的爱人或男朋友们，也会感觉到她们的不满，真的会以更糟糕的态度对待她们。

敢于否定，让自己变得更好

当别人遇到不顺心的事情，找你抱怨的时候，你会说什么来安慰他？

大部分的人都会迎合，当朋友骂老板是坏人的时候，听的人也会跟着骂，可是危险的是骂着骂着就真的也认为所有的老板是坏人了。

我们不能和总倒霉的人做朋友，同样，我们也要尊重朋友倾诉的权利。

当朋友明明是自己出了问题，却来找你抱怨别人的时候，不必总是迎合，而是可以提出否定，敢于表达自己的想法。

真正的朋友不是完全相同，而是求同存异，并且，当他抱怨到一定程度，能发泄的情绪都发泄完了的时候，你可以冷静地与他沟通。

有时候，否定会让人感觉你更有思想和魅力。

或者，当来找你倾诉的人，真的遭遇了不公平的事情时，你可以引导他："既然是这样，让咱们做点什么吧？"或者"那你打算怎么做呢？"

这样就把一个简单的抱怨引导到思考的境地上，思考之后，有了对策，对方抱怨的东西才会有价值。

打断联结，自己控制话题

美国神经语言创始人之一的理查·班德勒。他有一个经典案例：治疗一位患有妄想症的人。

这位病人得了妄想症，他幻想自己是耶稣，不和任何人说话。若说了，也只讲三句话：你好；是的，我儿；我是耶稣。

这个病人在精神病医院待了六年，没有一个医生能够治得好他。

理查采取的方式，就是先进入他的思维频道，问："你真的是耶稣吗？"

"是的。"

问完，理查就走了。

第二次，理查一来就问："你是耶稣？你真的是耶稣吗？"

病人还是作出相同的回答。

理查又赶紧问一句，“我再问你一遍，你真的是耶稣吗？”

“是的。”病人又回答。

理查最后再确认：“你真的是耶稣？”

“是的。”病人肯定地回答。

于是，理查要求病人把手张开，取出随身携带的尺子去量病人的身长、手长、正面、背面，并一一记录下来。等到量身结束的时候，理查用很肯定的语气问病人：“你绝对相信你是耶稣吗？”

病人肯定地回答：“是的。”

完毕，理查就走了。

然后第三天，理查又来了。此次，他不是一个人来，而是带了一群人。他们是木工，都带着绳子、斧头、钉子。他们进房，根本不理病人，就开始钉木头。

原来，他带着木工来的目的是为了钉十字架！

见到这种奇怪场景，病人在六年之中说了除那三句话之外的第一句话：“你们在干什么？”

理查冷冷地回答道：“我已经连续两天问了你无数次你是不是耶稣，你都毫不怀疑地跟我说你是耶稣，你现在应该知道我在干什么。”

听毕，病人变得十分紧张。

等把十字架钉好，几个工作人员就动手把病人架起来。

病人使劲地挣扎，突然说：“我不是耶稣，我不是耶稣，我要出院。”

理查治疗这个病人，采用的就是打断病人神经联结的方法。病人一旦被打断，妄想症病人的病，自然也就好了。

日常生活中也同样如此，面对别人恶劣的情绪，使用你的语言，打断联结，打断联结的方式有很多种，比如听觉、视觉方面打断，化矛盾于无形。

当一个问题的讨论暂时无法达成共识，要起争端的时候，不要纠结于一个问题的谁是谁非，放下来，你就能拥有好心情。

学说话，会表达

说话谁都会，可是有人一说话，就引人内心厌恶。

还有人一说话，能让人如沐春风。

问题出在表达上，也出在内心对事物的看法上。

你看事情像什么，事情就会是什么。

我有一个朋友，开了个公司，事业蒸蒸日上。做生意的过程中，什么类型的人和事都会遇到，其中也不妨要辨认虚假。可是朋友总是以“不变应万变”的态度，让所有的客户折服。

当朋友想要订购一批产品的时候，供货商信誓旦旦地告诉朋友，已经有好几家的报价很高，当接收到这样的信息时，朋友手下的员工情绪都比较复杂，他们统一认为供货商在撒谎，而且虚抬报价，没有合作的诚意。

朋友是那种大智若愚的人，他对于价格的虚实当然有自己的判断，他对接这项业务的几个手下是这样说的：“根据我的私人关系，有人向我报密，的确有公司出了这样的报价。但是别人疯狂，我们不一定要跟着疯狂。你们还是展示我们的诚意和优势，去进行谈判，我给你们一条我的底线，你们去布局，尽力促成这个合作。”

手下的几个年轻人听了之后，斗志昂扬，他们感觉自己的责任感重了。几个人就开始组织谈判方案和供货商进行谈判了。

最后当然很顺利以超低价格拿到产品，而且低于底线一大截。

我问朋友："你告诉员工有人出这么高的竞价，如果他们开始就亮出底线，来和别人抗衡，成本不就高了许多？"

朋友的回答饱含智慧，他说："做生意这么多年，我越来越明白，谎言到处都有，重要的是面对谎言的态度。像我手下的几个人，当他们一听到报价的时候，就开始恼火，这种态度是个很大的问题。这群年轻人是不擅长掩饰的，万一他们觉得对方欺骗自己，以后合作的过程时，带着这样的情绪，会影响合作。所以，我告诉他们这是真的，对方没有恶意去欺骗。当然，我给出了一条报价的底线，底线以上是他们的利润空间，他们如果直接亮底牌，忽视了利润空间，对自己的利益就会受到损害，所以他们一定会争取。这也告诉他们，老板的信息未必是准确的，要有智慧面对变化。果然，这次我收获不小的是，这几个人没有居功，而是给我这样一个反馈，让我小心那个报密者。这就是在真真假假中，简单面对。"

这件事情对我的触动也很大，我突然明白了，朋友的事业做得这么好，窍门在于在真假中坚持一种简单的原则，不让自己郁闷，纠结，产生敌意，以自己智慧的发展和理性处理问题的方式为指引，不论遇到什么样的事情，都能平和地四两拨千斤。

一句话回味

简单看世界，世界也回应你简单。

心境和顺，吸纳资源

和顺语言引导事态进入和顺

会说话不意味着就会高超的表达。

你能学会高超的表达技巧，你就营造了最好的处境。

很久以前，我还是一名普通的员工，在一个小部门里工作。

那时工资不高，但是我们感觉工作非常快乐。

还记得这么一件事情，单位新来了一个实习生小宇，小宇第一次参加工作，很紧张，在工作流程方面，小宇不得其法，大错小错不断的日子里，小宇最怕的事就是领导找谈话。

一天早上上班的时候，我的搭档李哥说："小宇胆子太小了，等他来了，我吓唬吓唬他。让他接受一下锻炼。"

说完，小宇就走进来了，李哥故意板着脸说："小宇，陈主管找你呢。"

说完，正巧电话响了，李哥就去接了个电话。

小宇兴高采烈的脸色立即变化了，他放下包，急冲冲跑向陈主管的办公室。

等接完电话，我告诉李哥小宇当真了，脸色很难看，李哥也有点后悔恶作剧搞大了。

陈主管看到小宇急冲冲地冲进来，也很奇怪。

小宇说：“李哥说您找我有事儿。”

陈主管一顿，随即明白了这只是一个恶作剧，他笑着说：“小宇，你进入公司以来工作很努力，虽然有些小错误。但是工作中出现错误不可怕，这证明你一直在做事，一直在学习，你可以做一份工作笔记，多记录、多总结、多思考，就会改善一下状况。”

小宇听后，很高兴地回来了。看着小宇若无其事的样子，李哥尴尬的脸色得到了缓和。

此后，小宇还真的开始动手做工作笔记，成长的速度也快了很多。

这件事情，让我想到了很多。也对陈主管多了几分敬慕。

想想看，如果我是陈主管，看到冲进来的小宇，我可能会说：“我没有找你。”或者批评一下手下恶作剧的行为。这样的做法，有什么样的后果呢？可能会造成小宇的困扰，也会让李哥非常尴尬。

但是陈主管明白了怎么回事之后，没有否认，而是顺应了事态，还正好借这个时机激励了小宇。帮助维护了同事间和谐的关系，这也证明了他做事的水准，能够在每一个细节上带领大家营造办公室的和顺之境。

这就是不同的语言带来的不同的结果，也体现了不同的人在思维上的差距。

一句话怎么表达，全看这句话要带领我们的思维到哪里，带领一件事情走向何处。

想到结果，再去表达，这样的反推法对于人脉的经营十分重要，也是赢得人心，不得不学的技巧。

越顺应越无懈可击

你在和别人沟通的时候，会经常否定别人的理解和判断吗？

生活中我们遇到这样的人，当我们试图理解他们的时候，他们总会说："不是这样的……"

很少有人喜欢接触这类型的人。他们把否定当习惯，让人无所适从。

一个朋友给我讲过这样的一个事情：

他需要招聘一个软件工程师，来了一个应聘者，技术方面令大家很满意，可是就在面试的时候，让朋友非常不舒服，坚决投了反对票。

他问面试者："你大学学的是计算机吗？"

他说："不是，我不靠大学里学的东西生活。"

朋友接着说："那你就是自学这门技术的，是吗？"

他说："不是，我学的东西是经过有关部门考核的。"

朋友有点错愕，想结束这个话题，就说："你大部分知识靠自己摸索，后来，通过了软件工程师认证，是这样的吗？"

他说："不是，也不能说全是靠自己摸索，我也向很多计算机人才学习过，知识的构成是多元的，我认为自己既有计算机专业学生的知识量，同时也具备很好的实战经验。"

朋友说："那交给你一份开发的任务，你应该可以独当一面吧？"

他说："也不能这样说，开发过程中会遇到很多问题，还是需要大家的配合，不能单靠我一个人……"

当朋友的判断一而再、再而三被否定的时候，他已经对眼前的求职者无话可说，为了公司的名誉，朋友压抑了要把眼前这个人教训一番的冲动，平静地告诉他："面试结束，感谢您来应聘，请回去等消息。"然后果断放弃了这名求职者。

朋友在事后分析当时的感受，他坦言，自己当时问的第一句话只不过是为了放松氛围，随意聊聊，既然面试者技术已经过关，不论他是大学里学的计算机专业，具备扎实理论基础，还是后来自学成才，具备很强开发经验，朋友都会把这个人安置到一个合理的位置上。

令朋友动怒的是，来面试的人有心理问题。不论别人说什么，他说都不，他怕别人给他定义，而自己又不能很好的概括自己的能力。否定太多，只能证明此人内心虚弱，不堪一击。这样的人，将来在工作出现错误的时候，很有可能习惯性地推卸责任。

技术能力平平，可以再学习，可是心理不健康或者人品有问题，就坚决不能录用了。

听完朋友的分析，当时，我就形成了一个认识，就是多给自己留心一下，审视一下自己与别人的对话时，否定的成分有多少，那些否定的语句是否暴露了自己的问题。

强大的自信就能包容

先来做一个假设，如果你的银行账户上有了六位数存款，你因为个人喜好，在旅游景点买了一颗假宝石，戴在了脖子上。这时候有人问你："你戴的宝石，成色不纯。"

你会怎么说？你很有可能直接地说："这本来就是一颗假

宝石。”

再做一个假设，你的银行账户上只有三位数，你买了一条假的白金项链，也戴在了脖子上，有人问你：“是白金项链吗？”

你会怎么说？也许你会感到有点不好意思，因此未必会承认自己戴了假项链。

这就是人心的不同，人都有趋利避害的内心需求，人人都希望得到别人的肯定，不希望被人看不起。当一个人底气十足的时候，多数情况下不会介意别人的评判，敢于面对事实。而底气不足的时候，当然害怕别人问起。

你会介意别人对你的判断和评价吗？

是否介意，映射的是我们的内心强弱与否。当我们内心有强大自信的时候，我们能原谅他人那些无聊的判断，当我们内心薄弱的时候，我们才会介意和纠结。

提升满足感，壮大自信

要了解自己的优势，多发现自己的亮点，例如学历、工作年头、取得业绩乃至身高、体重、着装总有一样，会让你对自己很满意。当你找到最满意的一样时，在心里美美地感受一下生活的赐予，充分认识自己的优点，让那种满足感在心中生根。当别人攻击你的皱纹的时候，请回忆自己最美好的部分，你就会忽视那些挑剔的指责。毕竟在一个人的心中，记忆深的东西会越来越深，记忆浅的东西越来越浅。

当然，原谅别人也为了自己能更有时间和能量去提升工作能力，工作能力是你自信自强的基石。对你手头的工作，做一个理性的分析，深入了解本职工作需要何种人才，自己欠缺的能力到底在哪里。

在这个过程中，还可以在别人批评你之前，就主动请教别人。

例如，可以诚恳地与你的直接领导交谈，取得共识。如果感觉自己存在不足，那就去充电，如果你有点懒惰，就集中找一个时间，对自己狠一些，强迫自己报名参加大量聚会。你还可以观察你的领导还有那些优秀的同事，从他们身上你可以悟出自己的差距。

主动弥补差距，胜于与他人辩论。

一句话回味

语言帮助人们勾勒出现实的范围，心灵能理解的现实范围越大，说出美好语句的可能性就越大，现实的处境就会越来越顺。

随时推销自己，收获无意间到达

自我营销，见到机会不放过

做人脉，不能坐等人脉。

当自己不具备很多资源的时候，要主动把自己亮出去，自然会遇到欣赏你的人。

职场中，真正的聪明人是领导非常信任他，而同事们往往觉得此人很傻。

我有个同学现在已经是某家公司的高层，想到当年他的“出位”，总是令我很叹服。

当他还是一个领导们都叫不上名字的员工时，一次，公司举办了内部联欢会。会场上，老板突然心血来潮，想展示自己的音乐天赋，大家都知道领导是练过美声的，当老板发动唱歌的时候，大家谁也不肯唱第一首，纷纷起哄让老板先唱一曲。

老板有点不好意思“自卖自夸”，于是，开口邀请一个员工和自己“对唱”。

大家一听老板这么说，都悄悄不吭声了，这时，我那位同学站起来，自告奋勇陪老板高歌一曲。

一般人会猜测，同学的歌喉一定很棒，不然哪好意思献唱呢。

同学一张口，果然令四座震惊，他的歌声，实在令人不敢恭维。不仅天生一副破锣嗓，甚至走调歌唱得“九曲十八弯”。大家都暗暗笑，这不是自取其辱吗？

不过同学装作听不见大家隐隐传来的笑声，他唱得很投入，很放松，很坦然。联欢会结束后，不少同事都说同学不知天高地厚，丢人丢到家了。

同学也傻呵呵地说：“我觉得自己唱得挺好的。”引来哄堂大笑。

事后，同学和我说：“我这么做，有我的目的。”

联欢会后没多久，老板就给同学调到了身边。后来，又升任他为助理。

同学的这步棋走得很明智，唱歌是他最快地借机接近老板的好办法。

在大家都不好意思上台的时候，气氛很冷场，同学上了台，实际上也替老板解了围。而且，同学唱歌越不好，越显示出老板唱歌的水准，最后，他一切都显得很自然，不做作，展示了自己的大方和自信。

我这位年轻的同学，从走出职场第一步的时候，就算好了接下来要发生的事，并走稳了接下来要走的路。

电话总不响，你就打出去

你会不会主动和别人打招呼？

会不会主动联系别人？

当一个人开始主动的时候，所有的事情就会变得主动，例如，当你看到冷漠的人时，不妨主动和他打招呼，一个招呼就说明：“我眼里有你。”谁不喜欢自己被别人尊重和注意呢？你释放出善意，也会收获善意。如果你主动和公司的人打招呼持续一个月，你在公司的人气可能会迅速上升。

社交中也是如此，当你得到了一个人的联系方式，他也得到了你的联系方式时，他让你等电话。你会不会傻傻地等一天？如果你等了，电话总不响，就直接打过去吧，也许他真的没那么忙。所以，你更需要主动。

当你给潜在客户打电话，你盼望一个合作的时候，难免会紧张，重要的是，你一定会遇到被客户拒绝的现象。

那么，主动把电话打过去，你该怎么说呢？

当客户完全对你没有了解的时候，客户感性上对你不信任，你可以考虑提及你现有的资源，让他对你产生信任感。

例如，如果顾客是A公司，而A公司和B公司之间有合作关系，你就要善于利用这层关系。第一个电话打过去的时候，简短地打招呼后，就应该说：“我们是国内专业的培训公司。我们最近为B公司作了为期一周的培训，全体销售人员都参加了这次电话销售培训……”

当对方在感性上有所认识的时候，你要继续进攻，对客户进行约见。

记住打第一个电话唯一的目标不是成交，而是索取见面的机会。

当然，约见客户是有技巧的，大部分的客户都会以忙为借口不见面，可是，谁都会忙，人们把忙当作了一种积极的做事态度。

你不应该否定这种状态，你也应该让客户懂得，你也很忙，然而，为了见到他，你特意向领导申请，并空出来两天的时间等待客户，给客户一个工作日，一个休息日的时间点，让客户进行选择，并诚恳地表示，你盼望见到他。只要有这种主动的精神，并且有这种符合人性需求的做法，你的重视就会引发他的重视。

在这样的指导下，把电话打出去，即使尝试一到两次被拒绝，基本在第三次，你就可以顺利见到你的客户。

最重要的人脉要留给自己用

当你成功地推销了自己，人脉就像滚雪球那样越来越大的时候，你就尤其要注意合理使用。

人脉是活的资源。

它对应的是人与人的互动，使用人脉的时候要密切关注他人的感受。

这里讲到的“最重要的人脉要留给自己用”，不是让大家自私地守住自己所有的资源，实质上盘活人脉也需要让人脉流动，请听我讲完以下的例子，你就明白我要讲述的方法了。

你有一个非常好的朋友，曾经你需要钱的时候，朋友毫不犹豫地借给你一万元，后来，你还了钱，内心还有满满的感动。

有一天，这个朋友向你借钱，你当然毫不犹豫地借给他一万元。他带着钱走了,后来他又找你借一万元,你又借给他了。接着，不多久，他又找你借一万元，你还是借了。最后，朋友又一次来借钱，你还会借吗?

你不借了，因为你感觉你的人情还完了。

人脉账户也正是如此，每个人回馈的次数都是有限的，如果你从一个重要的人物那里频繁地支取资源，超过了一定界限，等到积累到某一次的时候，你就没有机会了。例如，你有一个特别有本领的亲戚，平时，杂七杂八的小事你都去麻烦他，那么，到了有大事需要他帮忙的时候，可能会被拒绝。

三类关系谨慎用

第一类，个人成就极高。

这类人由于拥有丰富的社会资源，周围接触到的一切人对于他的身份和能力都是敏感的，这时，他也会敏感于自己的地位，会在和人的接触中对他人的利用保持敏感状态。

这类人也常常为人情所累，他们最盼望的就是享受自己能力带来的一切，又不必被声名所累，所以不能轻易打扰他们，即使他们是你的亲友。除非在自己非常必要的情况下，你提出合理要求，那时，他会顾念你从未提要求的良好秉性，在你为难的时候帮你一次。

第二类，在资源上，你不具备同等交换能力的人。

当别人给你一个西瓜，你只能回报一粒芝麻的时候，不要利用人脉。因为人都是期待同等价值回报的，尤其当不是你本人的需要，可能是你认识的一些人需要你去找这类人帮忙时，就需要相当谨慎，不要来盲目向这类人索取。

有人的性格属于外圆内方，当你打扰到他的时候，他表面不会表现出特别不耐烦,但是内心会产生反感,你让别人“勉为其难”的次数多了，可能在你遇到最需要他帮忙的时候，他会趁机把不满一次性地体现出来。

第三，从来不麻烦你的人。

从来不麻烦别人的人，这类人的内心渴望与他人的关系是有距离的，对于这样的人，距离就是安全，不到万不得已也不要去打破这类人的原则，如果你总是从他们那里索取，违背他们与人相处的准则，不但会引起极大的不满还会招致恶意。

所以，使用人脉要适度，当你的 A 朋友需要你的 B 朋友的时候，衡量他们 A 与 B 之间的交换是否平等，如果不平等，就向 A 表明自己的立场，请 A 自己想办法与 B 洽谈。

一句话回味

水滴石穿，当你不知道最后一滴水什么时候滴下来的时候，只能准备好内心，迎接每一个改变。

中篇 知人性攻人心 谁都可以被设计

世界上唯一一个不靠和别人的交流就能获得成功的人是凡·高，然而他的成功，是在他死后一百年！

突破舒适区，把陌生人变熟人

和不喜欢的人打招呼

有一个理论叫做“六度空间”，也叫“六度分隔”。通俗的理解就是，你和任何一个陌生人之间所间隔的人不会超过 6 个，也就是说，最多通过 6 个人你就能够认识任何一个陌生人。该理论产生于 20 世纪 60 年代，由美国心理学家米尔格伦提出。

这说明人与人之间存在着“弱联系”，陌生人通过各种关系认识后，就变得不再陌生。这为那些善于设计人脉的人，提供了宝贵的机会，他们通过人与人之间的联系，找到了事业成功的关联。

然而，如此巨大的人脉网络下，还有很多人并不愿意和陌生人接触，因为有的人可能一接触，就感觉对方不是自己喜欢接触的类型，因而产生排斥感。

例如，一个张扬的人遇到另一个强势的人，可能感觉难以沟通，因为就会屏蔽此人。可是想找到符合自己性格需求的人是不多的，因此会屏蔽掉很多性格不同，却真正可以一起做事的人。在商业社会中，想要做人脉，仅凭个人喜好是远远不够的。

人们为什么会不喜欢他人呢？问题的本质不在于那个人是美

是丑，而是自己没有把握和掌控的能力。例如一接触他人，若发现对方强势，有心机，可能对自己不利，就放弃这段交往。

实际上，如果你掌握了一定的方法，知道对不同的人采取不同的交往模式，启动不懂的沟通方式，对方无论是什么样的性格，你都可以利用对方好的一面，服务于自己。

想要做人脉，就要有进攻的战略，和不喜欢的人打交道，突破自己的舒适区。尝试着和你不喜欢的人打个招呼试试看，也许他并不像你想象的那么不近人情、冰冷自私，也许接触下来，你发现他给你的启发，超过了你的想象力……

不要担心人际交往会产生矛盾和摩擦，即使一段交往失败了，总结原因，会让你在以后经营人脉的路上走得更顺。走该走的路，认识该认识的人，打该打的仗，那时候回头看人生才足够的精彩，而不是在舒适圈里囚禁自己。

别惧怕与陌生人接触，主动打破舒适模式，让思想在交流碰撞中不断成长，随着接触和交往的增多，人脉就会搭建起来，不久，当陌生人变成熟人的时候，恭喜你，在人脉账户上又多了一个资源。

接触陌生人，不急着露笑容

无数本书都在讲：“笑容是人际交往的润滑剂。笑容是一种令人感觉愉快的面部表情，它可以缩短人与人之间的心理距离，为深入沟通与交往创造温馨和谐的氛围。善意的笑容是人际交往的润滑剂。”

在我看来，这句话本身是没错的，但是笑容的使用方法却常常被人们误用，于是在社交场合，我常常见到有些男士或者女士，总是一见人就露出一脸笑容，而他们通常被人们误以为有推销某些保健品之嫌疑。

实际上，我们只知道笑容好，却未必能用好。

小郭是我的一个忠实读者，他是个非常勤奋的销售人员，对工作很用心，总是积极拜访客户，平常用心研究专业知识。可是令人奇怪的一点是，他开单并不多，虽然在公司里总是帮助大家忙上忙下，但大家对他的评价也很一般。就拿我和小郭的交往来说，小郭也帮我做了很多事情，他逢人就夸我的书有多么实用，令我也很感动，但是我也常常忽视他。

看着迷茫、痛苦的小郭，我决心帮助这个勤奋的年轻人。

于是，我认真回忆了和小郭有关的信息，终于有所发现。

我得承认，自己也是凡人，我对于小郭轻视的原因就出在他的笑容上。当我第一天认识小郭的时候，这个男孩子就一脸好脾气的笑容。后来，接触多了，发现他有招牌似的笑容，他对人的和气简直好得不像话，不论是一起出去吃饭，见到饭店服务员，还是一起参加商务活动，他的笑容可以随时随地露出来。

小郭这个人也的确是个“好脾气”。然而，他随时随地绽放的笑容的确让人感觉有那么点不对劲，好像作为一个成熟、稳重的男人，他少了那么一点味道。

这就是人与人之间需要的“威严感”。尤其第一次接触，他上来就给你一副“我永远不会生气”的大笑脸，你就容易轻视他。

当我拿这个问题与小郭交流的时候，我听到的答案也让我有点吃惊，原来，当年刻苦的小郭有意识地训练了自己的笑容，为了更好地拉近和别人的关系，他把自己训练到可以随时职业化微笑。

于是，我赶紧告诉他，人与人的关系最好的状态是“威尔不怒，亲而难犯”，笑容一定是打动人的武器，但是这个武器要学会正确使用，只要让自己的笑容晚一些到，就不会给人轻浮随意的感觉。

“越晚到来的笑容越动人”，明白了这个道理的小郭终于找到了笑容里的秘密。

顺便说一句，我是不赞成销售人员模仿“咬筷子练笑容”的，因为销售是实战，不同于颁奖仪式，你认识一个陌生人的时候，在眼神中表达善意，比“只露出八颗牙的标准微笑”更重要。

7 秒钟，你能留下什么

你会管理自己的形象吗？

心理学家作过一个试验：分别让一位戴金丝眼镜、手持文件夹的青年学者，一位打扮入时的漂亮女郎，一位挎着菜篮子、脸色疲惫的中年妇女，一位留着怪异头发、穿着邋遢的男青年在公路边搭车。结果显示，漂亮女郎、青年学者的搭车成功率很高，中年妇女稍微困难一些，那个男青年就很难搭到车。

不同的仪表代表了不同的身份，随之就会有不同的际遇。这不仅仅是以貌取人的问题。大家都了解第一印象的重要性，研究发现，50% 以上的第一印象是由你的外表造成的。你的外表是否清爽整齐，是让身边的人决定你是否可信的重要条件，也是别人决定如何对待你的首要条件。

当代社会已经进入到一种符号化的时代，不可否认的是，人们的时间越来越紧张，为了高效，人们只能够通过外表对某个人作一个简单的判断，来衡量应该把这个人安放在心理空间的哪一个位置上。

例如，和人谈话时，你手腕上偶尔露出的一只价值不菲的积家表，就能显示出你的品位，人们也会因此而对你多了几份信任。如同人们不会担心一个富翁会借走自己的钱而不还。大部分的人对于财富都很少有抵抗力。

如果条件允许，想搞好人脉的你，就开始重视自己的形象吧。当然，肯定会有读者问，如果还没有那么多钱来包装自己，那应该怎么办呢？

分别给男性和女性一个省钱又管用的好方法。如果你是一名女性，头发的样式比面部特征更能吸引对方的注意。如果你的头发非常健康，就可以考虑用长发展示自己的健康和性感，如果发质不好，那么用心修剪一头短发，会让你看起来自信而成功。

对于男性来说，握手能传递重要信息。想象自己手腕上有一只昂贵的手表，像成功人士那样重视自己的态度，如果你和他人握手时手掌干燥、坚定有力，而不是无力、潮湿、试探性，你就能让对方对你感觉良好，并对你产生信任。

表达积极，展示个人魅力

第一次认识一个人的时候，你要注意表达方式，因为说什么样的话，代表你是个什么样的人。别让语言出卖了你。

比如，一起喝咖啡的时候，你千万不要说：“这个环境真不怎么样。”或者“椅子真不舒服。”再或者“烦死这儿了，怎么这么多人，乱吵吵的。”

如果你说这样的话，就会给人的感觉你是个非常挑剔的人，给人的感觉很消极。

而每个人的潜意识中都是不喜欢那些消极词的，比如“不怎么样、烦死、乱吵吵”等，说这些话的人也会被我们的潜意识排斥，而总是说自己喜欢什么的人，给人的感觉是很热爱生活的，我们会感觉这样的人很好相处。

例如，你可以说：“喝咖啡的感觉好舒服。”“这儿的环境好亲切。”“坐在这里，让人好安定。”等。

这不是叫你言不由衷，而是教你去发现一个环境中好的一面与合理的一面。对于一个人也是如此，一个使用积极语言的人容易让人放心。

如果你不相信潜意识的力量，你就看一下以下两组词的对比，想一下它们带给你的感觉，你就明白，你该如何使用词汇了。

例如：

温暖，从容，安定，舒服，阳光；

凉爽，舒心，广阔，清风，舒展；

温柔，静谧，烂漫，幸福，娇俏；

再看下一组：

烦躁，胸闷，头疼，积压，郁闷；

纠结，痛苦，低沉，焦灼，不安；

慌乱，争执，破碎，伤痛，难过；

……

看完这两组词，你内心就起了不同的变化吧？

所以，学会积极地表达吧，你会把一圈人吸引到身边。

一句话回味

生命中会遇到各种类型的人，只要你能把自己最好的一面带出来，你就能够掌控所有的局面。

要成为狮子，就要待在狮群

以人脉为镜子

有句话是这样说的：你是谁并不重要，重要的是你和谁在一起。

每个人总是在不断开发自己的人脉网络，区别在于成功的人总是比失败的人具有更庞大和更有力量的人脉网络。接触那些优秀的人好处多多，毕竟物以类聚、人以群分，丰富的人脉网络中，优秀的人是值得学习的标杆和榜样，从他们身上，可以看到自己的不足和缺点，更可以免费学习到他们成功的经验和失败的教训。

“不识庐山真面目，只缘身在此山中”。人最大的敌人是自己。而战胜自己的最有力武器是认识自我。

认识自我是困难的，当一个人发现，自己并不愿意和特别优秀的人相识、交往的时候，大部分情况下，他需要总结自己为什么不愿意接触的原因。

不总结是可怕的，总结总是帮人用最对的方法，去做最对的事情，得到一个最好的结果。例如，你回头看看过去的生活，总结一下你在吃上花了多少时间，在穿上花了多少时间，在玩上花了多少时间，在学习上花了多少时间，但是一总结，你发现自己不成功的原因，在于自己从来没有在学习人脉投资上花过时间思考和总结原因。检查朋友圈子，也少有卓越的人才。

让我们在这里找到根源，为什么有人不愿意“攀高”呢？因为他心理脆弱！

和一群同水平的人待在一起，会有舒适感，而与高水平的人接触，需要不停地攀登才能争取到共同对话的理由。

如果你对生活还不满足，你就必须走出这一步。走出这一步，你就被动成长了。

优秀的人给你的压迫感有时候令你窒息，但更多的时候，在压力之下，会刺激出你的另一面，例如：不服输、坚韧、执著。

例如，你有五个好友，这五个朋友都是过着安于现状的生活，当你攒了点钱，提出想自己创业的时候，他们一致地回答是：“别折腾了，有份工作挺不容易的了。”你就很容易被这种情绪感染。当你不创业了，想拿着钱买房子的时候，他们说：“何必给自己压力，租房子住不也挺好，反正也没睡到大街上。”恐怕你买房子的想法也会偃旗息鼓。

相反，如果你有另外五个朋友，他们每个人都住着高档公寓，出入名车，而你还在租房子，恐怕连你自己都会感觉不好意思。突然，你感觉自己不能太差，有点存款就开始琢磨着怎么能够投资个小产业，赚上一笔，或者莫名其妙就想多赚点钱，哪怕对自己的工作再拼一下，先赚个首付也要自己买个房子。

这就是周围人给你的压力，无从回避。

给大人物写信

大家对演员王刚都不陌生，在他身上有个传奇的经历，上小学时的王刚曾经给毛主席写过信，信的内容是表达了崇拜之情，信封上写的是北京毛主席收。

当时的王刚在学校并不是特别优秀的学生，老师也不是特别喜欢他。有一天，班主任老师一反常态地主动跟他打招呼，笑眯眯地带着王刚去见校长。

校长对他的态度也非常好，从桌子上拿起一个牛皮纸的大信封问他："你们家有在党中央工作的亲戚吗？"原来，中国共产党中央委员会办公厅给他回信了。

中共中央办公厅秘书室给王刚回了一封鼓励他的信，令十岁的王刚顿时成为学校里的好学生，从一个"坏学生"，再次被视为革命接班人。此后的王刚受到了激励，也真的成了一个品学兼优的学生。

在这个故事中，我们可以看到人生的另一面，就是我们在铺展人脉的时候，有很多人是我们需要的，面对那些优秀的、伟大的人物，我们想表达自己的敬意，被他们激励，却总是以为"大人物总是很忙"，"大人物没时间"，"大人物是不会理睬我的"来逃避去主动接触他们，种种限制是我们自己布置的，因而也失掉了接触的机会。

当代社会，只要你想与一个人交流，发 E-mail、发短信、写信……简直太方便了，只要你有想法，人生不设限。你就一定能接触到最优秀的人。

有的人，接触到，你才知道他会给你多大的舞台和视野。

一无所有，就交流读后感

和优秀的人在一起，你能聊什么？

最好的话题就是聊“思想”，可以通过聊读书，聊出你的“思想”。

很多人都在看“社交口才”之类的书籍，认为沟通环节中是不会说话影响了人际交往。实则不然，有时候脑袋中储备不足，会让人底气不足。

巧妙的说话技巧固然重要，但是如果别人和你接触，想同你聊的十件事中，有九件事你听都没听过，他下次就很难再与你沟通。

那么，优秀的人关注什么？优秀的人喜欢聊什么？

读书是一个很好的窗户，让你了解到更好的东西，方便你在聊天的时候,能给别人提供思考和交流的价值。这是能“舌灿莲花”的基础，而不是天天盯着口才书学习皮毛。

大部分的人，都喜欢那些与自身相似的人。不管他们是在观点上、个性上、背景上，还是生活方式上与自身相似，都会促使双方产生好感。所以，当我们想接触一个人的时候，并想给对方留下好感的时候，不妨表现出一定的相似性，就能够轻松达到目的。

例如，当你有机会和优秀的人交流的时候，真诚地问对方平时都喜欢读哪些书。这个话题既没有那么强烈的刺探性，又不动声色地摸到对方的品位和底线。当你关注到这部分知识的时候，你会和对方的关系走得更近。

使用身体语言增强气场

你会使用身体语言吗?

曾经看过一则很有意思的漫画，画的是两个销售人员向自己的客户推销产品，其中一个人早晨起床的时候，不小心被悬挂在门上的器物砸伤了头部，于是脑袋上被包扎了一个十字。另一个人也很不小心，走路的时候撞到树上了，胳膊上打着绷带。

画中的问题是：面对这两个人，销售同样的产品，在同样的销售技巧之前，谁赢得顾客的几率更高一些呢？大部分的人以为一定是胳膊上打着绷带的人会赢，因为脑袋上有伤，会显得智力低。

答案却恰恰相反，胳膊上打绷带的人输了，脑袋上有伤的人赢了。人们关注到一个人的时候，最先看不到此人脑袋里的知识储备，而是通过外表的动作、状态来判断这个人是否机灵，是否有活力。胳膊上打绷带这位销售人员，动作僵硬，给人的感觉是死板，缺乏感染力，会让人觉得无精打采，难以引起共鸣。

我接触了很多服务于企业的讲师，有一位非常著名的讲师是我很好的朋友。很有意思的是，我平时和他吃饭的时候，不管聊到什么问题，他总是点头，继续拿着筷子夹菜，吃饭，不作深度解析。

他的规律是用餐结束后，小坐片刻的时候，他就会针对刚才聊到的话题作个深度的剖析。那时，丰富的手势，加上有时候用茶杯、果盘做道具，清清楚楚地将一个问题说清楚。

使用道具加深别人的印象并将问题说清楚，这和我所看到的漫画有异曲同工之妙。

所以，想要走向成功的你，请告别不知道手该往哪里放的羞涩，学会使用肢体语言壮大气场，增强表达的气势吧。如果对于你来说，一时还是不擅长使用肢体语言，我就送你一个小窍门，去学习一下跳舞，只要是你感兴趣的任何舞蹈都可以。很多领域都证实了，一个人越内向，肢体语言越少。反过来，丰富肢体语言，会让一个人变得外向和自信。

一句话回味

你周围的人决定你的视野。

正如俞敏洪所说，你要想知道你今天究竟值多少钱，你就找出身边最要好的 3 个朋友，他们收入的平均值，就是你应该获得的收入。

在你没晋升之前，给晋升造势

观察让你摸到命门

事业是现代人生活的重心，晋升也成为职场人要考虑的头等大事。

想升得快，需要具有审时度势的智慧。这种智慧并不源于天生，而是来源丁后期的观察。

开会的时候你坐在哪里？领导讲话的时候，你是不是在想着下班后的约会？如果这样，你就不会有观察，因为就有可能丧失掉机会。

因为决定晋升你的人是领导，你不琢磨他，就很难和他有共同的语言。反之，如果你观察力到了，他想提拔什么样的人就自然呈现在你面前。

举例来说，我养了一只小白兔，想要知道它在想什么是很难的，但是我留心观察它的需要，我发现，只要环境安静，小白兔的活动就非常可爱，这证明他的听觉很敏锐，受不了嘈杂的声音。这样，我平常也会特意留心这一点，不让它置身于喧闹之中。做让它高兴的事，不去做让它讨厌的事情，光靠这一点，这只小白兔就会特别喜欢与我相处了。

领导是不是这样呢，如何观察呢？私下里的机会如果少，就观察他如何开会。

很多人会感觉，开会都是表面文章，没什么可看的，但实际上，如果有观察力，你会发现领导是如何安排顺序的，如何组织发言的，如何把想法不同的一群人变成齐步走的。不但这里面的窍门你能学到，你还能捕捉到哪些是领导开会的真实目的，哪些只是他说说而已，哪些将成为接下来你重要的目标！

你知道观察的好处了吧？那么就从听其言，观其行开始吧。如果你还是需要我提供给你一个具体的方法，验证想法的对错，那么，就请从多汇报工作开始。等你开始做了，就知道及时向领导汇报工作有多么重要。

通晓了老板的需求之后，为晋升需要，和领导的关系应该保持心理距离近，物理距离远。心理距离近的意思是了解领导的心理需求，当老板发布制度的时候，大力支持老板的决定，在远离同事的地方多保持和领导的接触和联系，让领导亲近和信任自己。

而物理距离远指的是在上班时间，在同事们的视野范围中，要和领导保持一定的距离，天天给领导端茶倒水、每天往领导办公室跑上十次八次的人，无疑会成为同事攻击和排挤的对象，同时也让领导不好处理和平衡其他员工的关系。

想晋升，你会聊天吗

想晋升，就要搞好人脉，搞人脉可不是“一点意思一瓶酒”，而是在你的职业范围内，更好地将自己传播出去。

学会聊天，从聊天中创造机遇，让自己的价值和能力得到关键人物的认同，你才能有获得机遇的可能。有些人就是因为具备处事方法的能力就拥有了强大的人脉。

如何做呢？

我的方法依然不是最快的，但是这个方法生效后，长期有效。

有人做人脉是到处参加社交，以认识名人为目的，平时还把某某是自己的朋友挂在嘴边上。这种不牢固，不被真正认可的交情是最脆弱的，也就是空洞无用的“空心人脉”，而并非晋升真正所需要的“实心人脉”。

想要真正得到认可，聊天的方法就要有技巧，既然聊天的目的是晋升，聊天的过程就要服务于这个目的，要让自己敢于和同事分享各种有用信息和工作心得，互相交流工作经验。例如，你不要把自己对工作好的理解藏着。拿出来，很随意地向同事表达，创收，在工作方面给予他人实际性帮助，会给自己造势。

要相信，当你帮助了一个人，并让这个人感觉到你的能量的时候，他在需要做选择的时候，自然会倾向于你。这是一个典型的不刻意做人脉，却累积了人脉的管理方法。

拥抱任何一个改变

读者对于陈胜的故事应该不陌生。

这个家伙，成事前对他的兄弟们说“苟富贵，勿相忘”，但是后来，陈胜称王后，他把自己的朋友杀害了，为什么要杀“苟富贵，勿相忘”的穷朋友呢？

据司马迁在《史记》的记述，大概有三个原因。其一，朋友在大庭广众之中直呼陈胜的大名“涉”。当名字喊出来后，已称王的陈胜感觉很“无礼”。不过，他虽然不高兴，却也还是容忍了。其二，穷朋友当面批评陈胜摆阔气，陈胜当然也不高兴，但依然容忍了。其三，穷朋友竟敢叙与陈胜佣耕时的“故情”，这无异于揭老底。陈胜终于忍耐不住，除掉了这位老朋友。

当我第一次看到这个故事的时候，也被常规思路所牵引，感觉陈胜很不地道，但是随着人生阅历的丰富和人情的体察，我才发现，陈胜的“穷朋友”挑战了他的底线，难免遭遇厄运。在当代，如果一个人总是不分场合地揭他人老底，结果就是别人与之断交。

职场中也是如此，当你准备往升职路上走的时候，一定和别的同事不一样。这时候，自己的内心要适应变化，让周围人也适应这种变化。不注意差异与距离，只能事倍功半。

将大茶杯里的茶水往小茶杯里倒的时候，即便将茶杯口紧紧贴在杯壁，也会洒出来一些。一智者见了笑道：“把茶杯抬高，拉大距离，让水飞落杯中。”一试，果真一点水也没洒在外面。道理很简单：适当拉开一段距离，就有更大的操作空间，只要把控得当，就可以找到“滴水不漏”的途径。两个人之间如果地位、工作上有了变化，要想有持久的友情，就需要有一定的心理距离，这样才可以避免不必要的麻烦。

比如，发生了这样一件事情你会如何处理：周一的时候，领导开会说：“目前空了一个主管的位置，会从内部人员中选拔，希望各位毛遂自荐，给我发邮件。”你很想参与竞争，但是和同事聚会的时候，大家说：“谁会去写邮件呢，无聊透了。”

这时候，你可以沉默，但无需附和，也不要因此而害怕排斥。此时，认认真真写邮件，有勇气追求自己想要的，才会赢得真正的尊重。如果有人阻碍到你，你得机智应对，并改变大家对你的误解。

别逼他人比自己更出色

想晋升的你一定会比别人表现得更出色，当你表现出色的时候，在最初的时候，一定会面对别人的妒忌。

妒忌之心，人皆有之，尤其当你超越别人，超越得又不是太多的时候。如果妒忌会影响到你的晋升，你可以主动帮助别人，与同事分享的东西多了，主动帮助他们多一点，他们就会消解对你的妒忌，而转变为人格上的佩服。

如果你顺利晋升了，你打算怎么对待那些曾经的同事，也就是今天的下属呢？

该管理的时候一定要管理，但同时有个大问题要注意，刚升职的你，一定不要逼他人比你自己更出色，甚至不能要求你团队的成员和你一样出色。

常常听到一些职场精英对我倾诉他们的苦恼——团队里的人成长太慢！

以往我都会问他们具体的情况。

当他们倾诉完，我常常发现，他们期待手下的员工能像自己一样能干，像自己一样有责任心，等等。实际上，在我看来，这有点儿强人所难，如果一个人的下属比自己还能干，该升职的人就不该是他。允许手下能力不如自己是硬道理，在允许的基础上再进行局部改造，才是升职后改造手下要做的要事。

同时，你的升职一定会造成角色的转变，让别人出现心理落差。为了能完成新的工作使命，你必须从过去“单纯的共事”提升到：下达指令、分配工作、提供辅导、解决问题。

不必担心，刚开始的时候，你与他们之间会有调试的困难，这是正常、也是可以理解的。经过短时间的磨合和调试，往往都会“本能”或“摸索式”地形成新的工作关系。

一句话回味

如果你想要从未拥有过的东西，那么你必须去做你从未做过的事。别说你不想晋升，今天待着不动、赖着不走，明天就会被鞭子抽着跑!

准备好你要说出来的“秘密”

辨别信息真假

每天我们的身边都充斥着大量的信息，八卦信息无伤我们的事业。

可是，在工作中，辨别信息的真假就非常重要了。

只要一个人想要和周围人熟悉，就必然涉及信息的交换，当人们了解你之后，才会选择是否和你接触，或者与你走多近。

同样你对待别人的态度也是基于对别人信息的掌握，万一信息掌握错误，所有的事情就会偏离你所设想的轨道。

认识很多企业高管，我发现他们脑袋里面总琢磨一件事，就是怎么能在不提高工资的基础上，让员工们努力把工作做得更好。

其中一个熟人和我谈起这个问题的时候，我问他：“为什么不想花钱，就想让人玩命工作，这不符合客观规律。”

熟人会很坦诚地告诉我：“我有方法，给他们许诺未来，让他们有干劲儿。”

这就是为什么这个人是我的熟人，却不是我的朋友的原因。

不得不承认的是，他的这一招对于刚毕业的大学生来说特别管用。

我曾经看到过这位熟人的招聘启事，总是在宣扬他会给年轻人发展空间，如果年轻人非常出色，还会考虑让年轻人从事管理的工作。

实际上，他和我聊到此的时候，对大学生和年轻人的评价全是负面的，他眼中的年轻人都是好高骛远的人。

我明白，他给年轻人假的信息，是为了不花钱，让年轻人还能津津有味地工作。

我对于熟人的这种做法是不认可的，但是我们至今都在来往，因为我常想，当一个年轻人为了梦想努力前行的时候，也是幸运的。如果他们积累了能量之后，在某一家公司得不到他们想要的，去下一家公司，也会得到更好的！

但是对于不想浪费时间的人来说，轻信招聘信息，判断失误会对自己的内心产生严重的挫败，当努力很久发现都没有晋升、加薪的时候，可能会走到一个自卑的极端。

这类信息的真假其实并不难以辨别，知己知彼才能百战不败。多阅读，多关注，就能知道该企业究竟是怎么看待大学生与年轻人的。

在接收信息的时候，也要注意对后果作一个判断，可以接受后果，不伤害到自己，这就是承担的能力，当得到一个信息的时候，一定要用可能造成的后果来预算相信的成本。

谈吐随性，前途堪忧

在公司中，和同事、领导有大量的交往，不真诚会被人们捕捉到，但是如果太透明，就会被别人利用或者攻击。

我接触到的大部分在公司里做行政的人都有一脸温和的笑容，也很善于沟通。公司对于行政的期许就是这样的。

可是，如果你想让自己处于一种安全状态，就要注意不要过多地和行政人员聊私事。例如你随意聊到自己不好的身体状况，很有可能他们当时会发自内心的同情你，但是他们转过头，背过身，就会考虑给你调岗的问题，让你从重要的位置上下来。

对于领导也是如此，如果你个人情况遭遇危机，不可否认的是，你很难在表情上表现得若无其事，如果遇到关心你的同事和领导向你询问，你打算如何透露信息？

是一股脑把所有信息都倒出来，还是有所保留？

前者同样会引起领导内心的紧张，毕竟领导不是朋友，他关心你的原因在于希望你能更好地为公司创造价值，如果你透露了个人过多的负面信息，他就会越来越觉得你由于私人的原因在工作中力不从心。更可怕的是，当他这么想了之后，似乎你的每件事都是如此。

后者符合职业化的标准，并且你要表示出自己虽然难免遇到一些不开心的事，但是你对自己不失望，你知道自己有能力驾驭好事情的走向，经过短暂的调整，你的状态一定可以重回良好。这样做，就会让大家觉得你是一个有能力、可信赖、可交托事情的人。

交深言深，交浅言浅

好多年前，当我去拜访一个大人物的时候，使用过“交浅言深”的一招。

他是出了名的强势、不可一世，但也确有骄傲的资本，此人多年旅居国外，业务精通熟练，战略布局高瞻远瞩。

在我们沟通比较愉快的情况下，我邀请他一起吃饭。看他想要拒绝，我赶紧说不是随便找地方吃饭，而是我选了一家新开的餐厅，口味相当不错，好座位也不好订，可是我已经订好了一个安静的便于交谈的独立包间。听我这么一说，他就很爽快地答应了。

到达餐厅之后，大人物从办公室的环境一脱离，脑袋上权威的光环就小了不少，但我对他还是表示很尊敬。

吃着，聊着，喝了几杯。我主动说起了我在国外的一段经历，大意就是不被国外认可，内心漂泊有孤单感。说完之后，我很自然地说："我从来不和别人说这种经历，因为我平时还挺要面子的，再说一般人也不理解。"

一听我说"一般人也不理解"，他就开口说："我能理解。"紧接着他就说起了自己在国外的一段隐秘的生活，我听得出来他说的都是真的。

此次晚餐结束，我成功地到达了目标。

由于工作关系，第二天再见到他的时候，我发现他起初有些不自然，因为他显然意识到自己昨晚"说多了"。可是既然隐秘的事情都说了出来，他对自己经历中藏着、掖着的部分就更少了。

一起吃饭过程中的信息交换，是我与他接触的一个突破口，他头上的光环变小了，至少在我面前，他从一个不可一世的人，变成了一个也有喜怒哀乐的普通人。他对我后期的工作提供了不少的帮助。

人与人的交往，很大程度上，不取决于见面、认识时间的长短，而要看人与人之间聊了什么、进行了什么内容的谈话。

大部分人当说出自己的秘密的时候，往往就控制不了人和人之间的距离了。拿我来说，只不过是拉近了和大人物的距离，可是生活中还有很多人恶意利用了这个规律操纵别人，所以出现了有人上当受骗，而且还是被认识了不久的人骗了。

例如，当一个女性把自己家庭生活的不如意告诉另外一个女人的时候，也许她是不小心说出来的，但是在成人的世界里，大家都是以成人的标准来评价别人和评价自己，所以，当她说出这一切的时候，就会被认定为她已经把对方当做非常要好的朋友。

而人性中，又有“承诺一致”的心理，就是人们不愿意让他人认为自己前后行为是不一致的，当这个女性已经超越了说话的界限，和对方感觉好像是已经成为朋友的时候，就自己给自己挖了坑——当朋友请她买点儿保健品，请她帮个忙，向她借点钱的时候，拒绝是一件困难的事，于是……

秘密早准备，距离好把握

什么时候，你会不由自主说出自己的秘密？

往往是对方说了一个秘密的时候，你会交换一个。

年轻人小范就是这么被同事忽悠的。她同事偶尔对她聊起自己的初恋，小范觉得对方很拿自己当朋友，于是就说了自己的秘密，小范的秘密是她暗恋的人是自己的领导，而领导是已婚人士。

此语一出，小范自己都后悔，果然纸还是包不住火，此事慢慢传开，产生了很不好的影响。小范最后离开了那家公司。

处理这件事情，小范错在交换了不平等的信息。不管同事是无意交换还是有意设计，在本质上，小范应该从自己身上找原因，当和同事聊天的话题从工作转移之后，小范应该有能力打断话题的延伸。

人和人之间只要开始对话，就进入了一个对话系统，进入到某个系统中的时候，要有自己的话题，而不能随着对方的话题走，这就像一些明星为什么反感和记者聊天，因为当他们进入记者的提问系统中时，他们就一步步走进记者提前设计好的问题中，无论他们怎么回答，记者都能够按照自己想要的东西，写出一篇报道。

原因是什么呢？谁设计话题，谁就有控制权。

不要进入别人的语言系统，有时候要主动打断你不希望接续进行的话题，维护自己的思想，这让你不会轻易对别人说出自己的秘密，也防止你被自己说出来的话套牢，自己挖坑自己跳。

在工作中，正式的场合一般不会引起越界和透露秘密的问题，只有非正式场合，与同事私下在一起的时候，才会出现问题。据我长期对职场的观察，大部分职场人私下的休闲时间是不愿意和同事过多参与休闲活动的，那么就只有公司组织集体活动的时候，才被迫增加与同事的信息交换程度。

公司组织集体活动对于拉近同事之间的距离非常有好处，可是对于个人来说，为了不让这次活动中过多透露个人信息，造成和同事交往的压力，在这里，我给读者一个好的方法：白天可以和同事聊心情，聊天气，晚上如果过了 11 点之后，最好闭上嘴巴就睡觉。

因为过了 11 点，人的意识就不受控制了，如果你是没有准备好可以交换的假秘密，你就会不自觉地把自己的心声说出来，不论你对眼前的这个人是否有足够的了解。

一句话回味

读万卷书不如行万里路，行万里路不如阅万种人。

会用钱，才会成事

你的价值不要免费提供

你是否有这样的体验，花钱买的东西总是不忍轻易丢弃。

花自己的钱买来的书会认认真真地看，赠品得来的书，却经常看都不看就丢掉。带着“免费”的心情去看书，总觉得书里讲的道理很一般。

商业社会认可这样一点：不怕你足够贵，只要你足够值。

看看超市，如果只要价格高，就没有人买，就不会出现那么多层次的产品了。恰巧相反，那些被定了高价的名牌商品，不仅更能得到使用者的精心保护，最终还提升了商品本身的品牌效应。

曾经有过这样的试验，就是让人们试穿不同品牌的运动鞋，试验的结果是：跟那些价格较低的运动鞋相比，穿高价位的运动鞋让人在感觉上觉得更舒服。

正是因为了解这种情况，我宁愿前期花更多的时间，了解读者更需要解决的心理问题和职场问题，慢慢写一本书，让读者有所花费，有所求再去吸收，而不会随意发免费的帖子表达自己。当然，我尊敬那些网上发帖，分享职场经历给人参考的热心人。

有人找我做咨询，只要不是朋友，或不是特别了解我的人，要谈事情，请先付费或者付出完整的时间。他可以不听，但是如果他想了解，需要先付出，才能得到。

职场中也是如此，有个故事这么讲的：渔夫出海，偶然发现他的船边游动着一条蛇，嘴里还叼着一只青蛙。渔夫可怜那只青蛙，就俯下身来从蛇口救走了青蛙。但渔夫也可怜这条饥饿的蛇，于是找了点食物喂蛇，蛇快乐地游走了。

渔夫为自己的善行欣慰。时过不久，他突然觉得有东西在撞击他的船，原来，蛇又回来了，且嘴里还叼着两只青蛙。

这个故事给人的感受很复杂，在这里我只想说，有时候，好意未必有好的效果。

在公司里，要尊重自己的劳动价值，为领导提供更多的帮助可以交换更多的信任，能为晋升铺路。但是与同事相处是平等的，要多衡量自己的投入产出比。

当帮助别人被以为是你的习惯，就不是好人缘的基础，职场中的好人缘绝对以能力强优先。如果你总是无偿提供劳动，就容易致使你的受益人懒惰；你过于善解人意，就会培养别人的贪得无厌。

人有两扇翅膀才能飞

人有两扇翅膀才能驾驭金钱，才能飞翔。

第一就是敢于花掉它，花掉它才能拥有它。

第二要能控制金钱，花费有度才不会被金钱所控制。

从人脉的角度来说，有这两点态度，才能让金钱成为辅助自己的工具。

又能花钱又能节约的人既不会让人觉得他铺张浪费，也不会让人觉得他吝啬小气。

听起来让人觉得匪夷所思，实际上并不矛盾。

讲一个我朋友的故事，大家就明白了。

朋友是个儒商，他非常喜欢到国内外旅游，只要他想去一个地方，他一定会订最好的酒店，只要环境舒适，景色优美，花再多的钱都没有关系。有时候，一晚上的花费足够普通工薪阶层半年的收入。但是朋友钱花得非常坦然，也毫不心疼。

值得称道的却是朋友并不是一个“烧钱”的没有社会责任感的人，不说私下对贫穷山区捐款的数目让认识他的人自愧不如，就是平时他使用一件日用品的时候,也一定能够做到“物尽其用”。他热爱国画，但他从未浪费过颜料，任何东西都是彻底用完，才能够再换新的。这一点，又让我们觉得这是个有环保意识、不浪费的人。

看懂了这个事例，你会在基于对人性的把握的基础上，重塑自己的金钱观。进而保证你有钱的时候，花钱不被人妒忌，能花展示了你的能力和品位，省钱不让人感觉抠门，这展示了你粗中有细的做事风格。

差旅费和工资，你想涨哪样?

我二十几岁和大学同学聚在一起的时候，大家都是炫耀自己赚了多少钱，也就是公司给我们发了多少钱的底薪。那时候，我们误以为那个钱数就代表了资历与能力。

但是现在，经历了越来越多的事情，思考的深度也越来越深，我终于懂得了，能赚多少钱不是衡量价值的唯一尺码，也不是人际交往的筹码。例如，当我的某个同学年薪500万的时候，实际上和我无关，他就如同某个明星人物一样。收入只是个数字，不会引起我过多的关注，只要前提条件是我无求于他。他的钱不但和我没有丝毫的关系，也撼动不了我和他之间的交往和平等的关系。

什么时候我才感到他的气势？永远不是他银行卡里有多少钱，而是要看他往外花了多少钱的时候，我开始审视和关注他。因为他的企业给他一笔巨款让他决策投资，花掉的那些钱就代表他的能力、心量、眼光、投资手段、甚至是社会贡献等。那时候，我们几个老同学开始以同学中有这号人物为骄傲。

讲这个道理，是想让读者们明白，在你衣食无忧的情况下，如果有一天，领导要给你涨工资，你要看领导究竟有多信任你，请不要看他肯涨多少钱把你留在工作上干事，要看他愿意给你涨多少差旅费，让你走出办公室狭小的天地，去交际，去见识，去创造价值，拓宽个人的领域和空间。

当你的差旅费大于你的工资的时候，意味着什么？

那意味着，你不但此刻对公司有价值，而你的未来也被人看好，你是一个注定要成大器、发挥巨大作用的员工。给你空间，给你平台，这才是真的挺你，而不是多给个红包那样简单。

财聚人散不划算

在你每年的收入和支出中，是否除了吃、穿、用、住的个人消费，再也没有其他支出?

如果是这样，赚钱就成了一件非常痛苦和无聊的事情。

因为你会把它仅仅界定为生存的手段。

合理的花费是为了更好地盘活资金，让钱真正地发挥威力。

大家熟知的李敖，很少表扬女性，但是他高度评价过一位女性陈文茜，说她是最聪明的女人。富贵一辈子的陈文茜在接受鲁豫采访的时候曾经这么说过："自己很早就明白，花了钱，才会有很多的朋友找自己。"

她在和朋友交往的过程中，从来没有因为钱而出现问题。

陈文茜还有自己的生活原则：收入要比支出高，但不能高太多；坚决不投资房产；不买奢侈品。

与此对比，陈文茜还爆料她去郭台铭家里的发现，郭台铭的书桌简直破烂不堪,甚至卧室一度让她以为是佣人房。在这一方面，她又认为不能过分省钱，有钱人不好好花钱就是坏榜样。

有句话叫做财散则人聚，财聚则人散。人与人之间，交际难免需要花费，家人之间，朋友之间，同事之间，上级与下级之间。

不花费金钱，就想搞好关系，实际上是不可能的。朋友少约会可以减少花费，对领导多说好话就期待换来信任。然而自己省吃俭用，感觉幸福吗?和朋友的感情深厚吗?领导真的能听进你的那些好话，觉得你是真心的吗?

钱，会花才能证明你真正拥有它。你要懂得对比与衡量付出的与得到的价值，哪个多哪个少。当值得的时候，就一定要花，至少不要总是在和朋友吃饭的时候，到处找钱包。

一句话回味

当一个人什么都没有的时候，更不能吝啬手头的金钱，用金钱去换能带着你向上走的力量。当一个人有了很多钱的时候，却要控制自己的欲望，珍惜金钱，提防不被人利用。

可是世人，需要钱的时候不肯花，有了钱之后却不懂珍惜。

在与牛人过招时赢平等

不增加价值就不索取

我在朋友圈、同事圈、同学圈的口碑都很不错。

倒不是我有什么过人的地方，而是我懂得在不能给他人带来价值的时候，就不索取价值。

例如当我的一个朋友需要我帮助代卖一件商品的时候，我会分析自己认识的人中是否有人真的需要，是否真的能给他带来价值，这样才会联系别人。

这样，接到我电话的人，很少会烦，因为我不是以盈利为目的的销售物品，而是考虑别人的需求推荐产品。这样，我口碑越来越好，人脉越来越活。

人都是如此，不让别人感觉压迫，交往才能稳定。在我看来，利益是基础，友谊是锦上添花。

正如很多读者给我发来一些信件，都是询问职场上遇到的问题，由于时间的关系我无法一一回复，只能分类、排序，争取出下一本的时候，解答他们心中的疑问。

可是有一封信不一样，这封信完全不是来提问，也不是请我帮忙解决问题，而是纯粹一封“感谢信”，信中很诚恳地对我说：

“张老师，你的书很真实，帮我解决了周五发生的一个实际的问题。这对于我的职业发展来说，有着重大的意义。不耽误你的时间，只是对你说一声谢谢。”

这个读者没有任何功利心地找到我，让我愿意花时间倾听他，并愿意记住他的名字。

我不主张当一个人找不到自我价值的时候，就以为人脉能带来一切。事实上，当一个自己无所事事的时候，即使有机会结交那些有能力的人，他也不会从中得到真正的帮助。在这个过程中，也许他该问自己的社会地位、财富和别人对等吗？自己是否了解自己，自己究竟能做到什么？自己凭什么能让别人为自己服务？难道仅凭自己口头承诺的“我将来发达了，一定会报答你”这种话吗？

当然，在这里不是说，一无所有的时候就一定创造不了好人脉。

还是那句话，人脉是设计出来的，只不过这个设计需要动脑，而不能奢求不劳而获。

例如，当你满足不了他人需求的时候，就想办法给别人创造需求。

没有一个人在这个世界上是完美的，只要你能够找到对方最头疼的事，深度思考，哪怕因为你的一个想法，事情能变得稍微好一点点，你也可以搏一次。

这样，即使帮不了忙，对方也会感动于你的初衷是为了帮他解决问题，而不是赤裸裸地索取。

还有另外的一个情况，就是如果你有机会多次和某个牛人接触的话，你可以运用长期手段创造一种平等的境地。

例如，当你的客户日理万机，无心照管自己健康的时候，你就多学点保健的知识。这样只要一聊天，他发现你某个方面懂的东西比自己多，他就会对你留下几分好印象，如果过些天，你再能推荐一个非常棒的中医给他，帮他调理身体，那么平等的感觉就会越来越多。

虽然在谈你们两个人之间的事情的时候，他属于强势一方，但是正因为你发现对方存在的问题，创造了需求，迎合了他的需求，不用怀疑，你的气场也会慢慢变强。

一句话击中内心

社会上总有一些人是浑身都散发着骄傲，当你需要与他们接触的时候，要懂得沟通的窍门。

有的人看起来骄傲，但实际上他们的内心并非如此。还有的人，看起来彬彬有礼，很好接触，但是他们往往内心与人的关系是疏离的，他们用这种彬彬有礼，提醒别人要守礼，不要越界。

例如，牛人们做事的时候往往都是非常认真的，他们对于别人夸赞的所谓“有事业心”、“做事认真”的说法，已经毫无兴趣了，毕竟他们的成就摆在那里，是不需要多说的。

但是，如果你能从另一个角度来看待他人，效果自然不同。

我一个朋友对我讲起这么一个经历：

由于工作的原因他常常接触到影视圈的导演，有两个声名在外的导演，刚开始接触的时候，两个人的风格完全不同。

其中一位男性导演看起来非常孤僻、自我。而另一位女性导演亲切、随和。

但是为了给他们留下深刻的印象，我朋友操作的手段很有意思。

她对男性导演说："您对待我很随和，并且，听您说话，我感觉非常有哲理，很受益，和您的接触让我感到很愉快。"

她对女性导演说："您总是为别人着想，在工作中肯定因为照顾别人的感受，而自己承担得非常多吧？有时候，是不是也有一种孤独感。"

这个例子常常让我觉得奥妙无穷，因为，不论对个性是内向还是外向的人，都有两面性。因为没有人任何时候都是外向的，也没有人任何时候都是内向的。指出这种矛盾的两面性，让对方觉得："你足够懂我。"

我的这个朋友看到了两个导演性格中的另一面，满足了这两个人内心的需求，越是搞艺术的人越希望有人能关注到自己的另一面。

大部分情况下，每个人都渴望被了解、被关注，希望别人能理解自己被隐藏在深处的痛苦和矛盾。

靠这样的方法，很短暂的接触就能与对方建立关系。

把人情债当手段

当你和牛人交往的时候，即使你满足了他们的需求，也可能瞬间就会被忘掉。倒不是说牛人"忘恩负义"，而是他们太忙了，记忆空间有限。

此时，你需要强化这种交往。

如何强化？每一件事情的角度都是多面的，找出这件事情中让你收获的好处，只要你去想，就总会找到。

例如，你帮助别人完成了一件很复杂的事情。本来你累得要命，只为了得到他的感激，从而期待在以后的发展中，需要他的时候，也会得到他的帮助。

可是偏偏对方不想欠你人情，他给你丰厚的报酬，不想欠下人情债。

那么，你怎么办？

既然他担心人情债会给自己的心理上造成压力，那么你不妨让自己欠对方的人情债。

例如，你写 E-mail 告诉他，在这个事情的处理过程中，你收获了从未有过的成长，正因为办了如此复杂的一件事情，你对社会的看法发生了变化，更深刻地理解了办事的规则……总之，你要把自己帮别人的事实说成你被别人帮助。

这样，你就永远不会让他撇清关系，可以为进一步接触打下一定的基础。当你再次约他一起吃饭的时候，你不是以帮人者自居，让对方产生心理压力，而是你感谢这段缘分，你也有所收获，你愿意平等地与之交往。

要补充的一点是，这里给读者提供的东西看似是手段，实际上并不仅仅是手段，也不是教你虚伪，而是教你找到事情的另一个角度，你看问题从此会更全面。

遭遇挑衅先反问

当你遇到一些非常强势的人的时候，就必须拿出进攻性。

因为面对别人进攻的时候，一味防守只会刺激对方攻城略地，战无不胜。

比如当你是一名销售员，当对方挑衅你的时候，你听到这样的质疑：“你不就是想把这个东西卖出去吗？”

你可以这样回答：“您就是这么看待我这个人的吗？”“您真的这么认为吗？”“我哪里让你产生了这样的误会？”

看似很平常的一句话，却转换了思路和话题。

要知道，类似这种反问的话，刺激了对方的再思考，中断了他部分的思路，他本来以为说完“你不就是想把这个东西卖出去”这个结论后，你会感觉尴尬，而产生放弃的心理。可是，大部分人很难从人格上否定另一个人，当你把话题架高，让他来回答“我哪个表现让您出现了这样的误会”的时候，他需要的就是为自己的言论和评价负责。因为对于一些牛人来说，他们不怕伤害别人，但是他们不希望的是，说出一两句特没品味的话，让自己感觉有失身份。

所以，只要你练习反问句，就能让你的防御更加坚固。

一句话回味

在牛人所在的权威领域创造不了平等，就在他领域之外创造平等，平等就会蔓延开来。

辨别忠告，远离“控制狂”

人人都是“控制狂”

一听“控制狂”，大家可能会觉得这个词十分夸张，离自己很遥远。

事实上并非如此，当我们还是孩童的时候，我们已经学会了控制。例如，当大人们不能满足我们的要求，孩童时期的我们就通过大声哭闹来表达自己，对大人们进行了情感上的控制。

长大之后，没有人再轻易用“哭”来控制别人了，但是下面的场景却很多，你应该感到不陌生：

A：“你帮我把这部分文件复印了吧。”

B：“我没有时间。”

A：“我上次给你复印的时候，可是花了整整半天的时间。”

……

当然在这段对话中，A 不是坏人，但是让人觉得很压迫，因为他就是个“控制狂”。

“控制狂”看起来并不是冷漠的人，反而是一些看起来挺爽朗的人，他会很乐意地帮你一点小忙，有时甚至会自告奋勇地帮助你，然后希望你从此对他感恩戴德，没齿不忘。

接受了“控制狂”的帮助，心理上就会招致巨大的负担，尤其当他把“帮了你”挂在口头上的时候，慢慢地，你内心的感激就变成了厌恶。

“控制狂”有个很奇怪的表现，就是很关注他人，别人发生了什么事情，他们往往非常热心。在他们为别人做的某一件小事上，记忆力尤其好，好像他们脑子里有个小本子，专门记录某年某月某日，他做了什么来帮你。包括什么时候，你吃了他一块巧克力，什么时候他给了你一个苹果。仅仅只是一些小零食而已，可是“控制狂”甚至会觉得他“养活”了你。

更要命的是，在你们两个有矛盾的时候，他会把这些拿出来作为攻击你的武器，他不在一件事情上就事论事，而是扯到很久很久以前……你们两个人的交情，说来说去，就为了来论证你是多么忘恩负义、自私自利、不知感恩。

可以理解的是，“控制狂”不是恶人，因为每一个人，帮助了别人之后，希望得到别人的感动。但是，如果做每一件事的目的就是为了从别人身上得到什么，那还不如不做，免得将来自己生气，也免得将来有一天把自己陷入“控制狂”的境地。

那么，如何对付“控制狂”呢？

别把他为你做的事情太当回事，这不是让我们寡恩，而是要你多去发现，分辨他人给你的是“恩情”还是“债务”。当别人帮你的时候，只要他愿意，那么就一定让他为自己的行为负责。

负罪感是很强烈的感情，在我们觉得亏欠别人的时候，很容易答应他们很多无理的要求。很容易被对方控制，作出自己并不愿意做的事情，却还觉得是自己责任所在。

改变这一切，必须要分清哪些是你应该做的，哪些是你想做的，哪些是对方以各种理由强迫你做的。

当“控制狂”要求你做一件事情的时候，你可以就事论事，不提过往，并表示：“我是个就事论事的人，现在我没空去做你交代的事情。”

几次之后，对方就会知道，他在这方面，是无法控制你的。

别轻易接受“我是为你好”

你喜欢常常给你“忠告”的人吗？

有的人非常有意思，很愿意给别人忠告。例如，当一个老员工让新员工帮忙做一件事情的时候，新员工摇头不动。老员工就可能给予忠告了——“你这么偷懒可不行呀，我让你去复印可是为了你好，工作中成长最重要，你多做一些事情，就多有一些收获。”

实际上，这样的说法很无聊，明明自己偷懒，还冠以帮助别人成长的名义。毕竟，任何人来公司工作，都不会以帮助别人成长为目的。

如果你是新员工，你会接受吗？

分两种情况，第一种情况：如果这个老员工对你不错，你对他有期待，他提出要求的时候，你应该立即起身帮忙复印，还要说“您坐着，让我来。”

第二种情况：你的确很忙，没工夫“伺候”他，就诚恳地说：“您自己来吧，我手头有更重要的工作。”

不必惧怕给你忠告的人会怎么评价你，这根本撼动不了你的地位和别人对你的评价，因为任何人不顺着这类人的心意，他都会给人忠告，其实其他人比你都烦他。

讲个亲身经历的事情吧。

我有个老同学，他最爱给人忠告，也曾经给过我忠告，说我“太骄傲”，理由就是，有一次我和他去参加一个商业聚会的时候，我只跟旁边的人说了话，跟其他的人可能只是换了名片或者连名片也没有换（因为我认为交谈过才能留下印象，我不希望几十张名片中，一个人也不记得自己）。这种我有意为之的行为就被定义为“骄傲”。

“忠告”同学对另一个同学的评论就更负面，他说这一位同学虚伪、不真诚、有心机，理由就是他问起我这位同学是否结婚的时候，这位同学装作没听见，不回答。还有个理由就是他问这位同学月收入多少的时候，这位同学还是装作没听见。

该同学的做法惹怒了“忠告”同学，“忠告”同学苦口婆心劝说这位有心机的同学“要坦诚”，可是这位同学，不但坚持“不坦诚”，还断绝了和“忠告”同学的往来。

还有一位我们都很喜欢的同学，这位同学的人际关系处理得滴水不漏，堪称完美，可是这位“忠告”同学是这么评价他的：“感觉他做作，一切的友善都是装出来的。”可就是这位“装出来友善”的同学，在“忠告”同学去国外出差的时候，还安排了国外的朋友亲自开车接他，并提供免费吃住。可依然被“忠告”同学定义为“装模作样”，原因只是没有满足他虚无缥缈的对“真诚相待”需求。

所以，当一个人给你忠告的时候，判断一下他的忠告是为了让你舒服，还是让他自己舒服？这就是虚伪和忠告的真正区别。

争辩得胜，人品失利

某种程度上，“控制狂”愿意与人争辩。

任何话题都可能产生争辩。

一个女性朋友就因为这样一件事情，和多年男友闹掰了。理由很简单，男朋友忘记了她的生日，当女性朋友发火的时候，男朋友是这么说的：“我容易吗，大清早起来上班，每天想着工作上的事儿，辛辛苦苦，你还怪我？”

不但如此，他还说，“你应该反思自己，为什么不能够善解人意，为什么不多一些宽容和理解对待我呢？”

这一次的爆发终于导致决绝分开，后来女性朋友说，其实她已经累积了好多年，她的男朋友太好辩论，不论做错什么事，没有一次肯承认是他的错误，总是有理由。

单位升职没有他，他说是因为有个女同事会溜须拍马。

加薪名额没有他，他说是同事妒忌他的能力，故意陷害他。

看到成功人士出现在电视上，他说如果他有那么好的背景也能成功。

就连他偷看她的手机，他都会说那是因为在人际交往中受过他人的欺骗，所以……

每一次辩论，他都有理由。

可是每一个理由，都让人对他的人品打上一个问号。

这样的人，太好辩论，无论你指出他做错了什么，他总会想个办法，让你去原谅他，为了他的行为负责。

和这样的人其实不易交往太久，因为久而久之，接触他的人可能会习惯他的怨天尤人，习惯性地为他负责，习惯性地忍受。

可是当有一天，忍受的一方筋疲力尽的时候，也就是恩断义绝的时候。

所以，对待这样好辩论的人，要让他为自己负责，不要因为小事而原谅，应该坚持自己的原则。对待他的狡辩，我们应该当仁不让，摆脱他的控制，必须让他为具体的行为道歉，这才是对自己的责任。

做自己，强势对付“控制狂”

人和人相处，影响是无处不在的，一个人不是被对方影响，就是影响别人。

听朋友讲起他妹妹的故事，朋友的妹妹本来是个很随性的人，在家的时候总是东西乱放。可是去外地念大学后，回来的一段时间，生活习惯完全变了，她回家后总是把东西整理得整整齐齐。

朋友还挺怀念他妹妹坐在床上、吃着薯条看电影的感觉。在朋友看来，妹妹的生活习惯虽然变得非常规律，但是少了以往的天真，烂漫。毕竟，家就是一个自由的地方，一个人在外面生活必须注意形象，和他人的交往也要有规矩，可是在家里，无论做什么，都没有对错。

他问起妹妹为什么发生了改变。

小女孩皱着眉头说，宿舍里有个同学，每当别人的东西放得不整齐，她都一定会要求同学放好，久而久之，大家都被影响，回宿舍东西放得非常规矩，以免被埋怨。虽然被评为优秀宿舍，但是几个女孩都想换宿舍，大家感觉非常不舒服。虽然现在回到家，但是放东西的时候，依然会精神紧张。

在这里，我们看到人与人之间影响的作用，其实，这种要求别人的行为就是控制欲，让人很不放松，这甚至是人为施加的一种“心理虐待”。比起身体上的暴力，精神上的操控和侮辱其实更加恐怖。

在人与人的交往中，如果不加以防护，不但自己会受到伤害，而且还有可能变成无意识的施暴者。

比如说总要求别人的人，很有可能很早以前，他们也受过心理上的压迫，被人逼迫形成一定的习惯。形成习惯之后，他们也会去强加别人。

例如，把苛刻变本加厉施加给别人，肆无忌惮用自己的情绪控制别人的情绪。

在生活中你是否发现这样的人，他长了一张“指责”的嘴，在他的嘴里，周围一个好人都没有，他总让他周围的人小心翼翼地生活在他所布下的感情地雷区里。他想要别人按照自己的想法生活。例如，当他问起你不想回答的话题时，并不会因为碰了软钉子而放弃，他会继续追问下去，直到达到自己的目的。

这样的人是非常可怕的，周围的人有可能短期内忍让。例如被他逼问到自己去干吗了，去见谁了，和谁聊什么了的时候，你可能会因为忍让而回答，但是心理却非常不舒服。

这些看似都是小事，但实际上并非如此，问题的关键不在于你有什么秘密，所以告诉了“控制狂”你一天的活动，问题的根源出在，你因为什么而回答他的无理提问。

到底是因为你想告诉他，你心甘情愿这么做，还是因为不说，怕他又对自己生气发脾气，而不得不去哄他高兴，你是否会这样：心不甘情不愿地忍受着告诉他，在他终于得到答案的时候大松一口气，放心他不会再生气。

如果你是因为第二个原因，久而久之，你会被控制，会被他的情绪左右，不断地担心自己哪里又做错了，直到有一天你发现自己不是在为自己活着，而是在为这个感情操控者的喜怒哀乐而活着，那个时候你们关系就不再是健康的感情，而是病态的控制。

那么究竟怎么来应对呢？

很好的一招就是用强势的态度来面对，具体操作的工具是“假谎言”，用明显的谎言来对付“控制狂”。

例如，“控制狂”对你说：“请把你的被子叠起来。”

只要你不想叠，你就可以说：“我故意让被子平铺着，杂志上说对身体好。”

“控制狂”问你：“昨天你去干什么了？”

不论你干什么，你都可以说：“我去见了美国总统。”

“控制狂”打探：“领导给你涨多少工资？”

你可以回答：“给我每个月的工资涨了 300 万。”

这样的假谎言就是告诉对方：注意底线，别来烦人。

一句话回味

不要随意给别人忠告，也不要随意接受别人的忠告，更不要勉强自己做别人想让自己做的事，一次也不可以，以免下一次你将被叫做习惯的东西控制。

不求完美，只求平衡

生活品质不打折

很多年以前，当我在大城市拼搏的时候，几乎把能节约的钱都省下来了。

为了争取银行存款里余额不断增加，我过得很苛刻。

记得有一次，我和领导一起出差，回来后，因为我表现还不错，领导给我发了奖金，此外他还送了我一份礼物，让我很吃惊。礼物是一张健身卡。

对于当时的我来说，去健身房是件奢侈的事情，但是，这位我总忘不了的领导，也是至今相处得非常好的老大哥在当时对我说：“大部分情况下，人们总是在拼搏，却容易把生活过得潦草而廉价。其实这是对生活没有自信的表现。其实，健康的享受是人生的进步。当一个人为了将来而省略了生活中应有的享受时，生活就打了九折；如果牺牲了健康，生活就无折可打了。”

就这样，他不动声色地顾全了我的自尊，又提醒了我要注意生活的平衡和品质。

他的这番话对我的影响很大，后期的工作中，我一直坚持着一个适度的原则，除非非常必要，工作之余的时间和金钱我会拿出来给自己。

例如，有一段时间我被人情所累。单位总有大领导来访，我常常被安排去陪领导喝酒，聊闲话，吃宵夜等。开始还可以，但是后来这种情形越来越多，搞得自己下班后也没有下班的感觉。

认真想了一下，我还是对“过度奉陪”亮了红灯，便决定改变这个状况，于是我就反映了我个人的意愿。

事实上，没有我想象得那么可怕，一切得到了新的调整，正如有句话说的，地球离了谁也照样转。我不陪领导了，自然会出现合理的解决方案。

让自己吃饱，再给别人

如果自己没吃饱，就去施舍别人，这样只会让自己失衡，后劲不足。

再有激情的火把，燃烧过后也是灰烬。相反如果是涓涓溪流，往往细水长流。

在人际交往中，倾听自己的需求，也是非常重要的。

还要勇于表达自己的需求。

有个读者有这样的疑问，他是从事销售工作的，谈客户的水平和能力都很不错，可是总是拿不下单。

我问过他具体的细节，原来是这样，当他拜访客户的时候，总是和客户谈得很好，他的细致、耐心很打动客户。可是过不了多久，需要签合同的时候，总是不顺利，客户会出现更多的问题需要他解决。

他渴望签约，于是就不停地给客户解决层出不穷的需求，生活非常疲劳，业绩在公司也只能算一般水平。

听了他描述的具体细节，我发现了问题的关键，为什么与客户谈得很好的时候，不签约呢？为什么明明没有签约，却要继续满足客户其他的需求呢？为什么客户提需求的时候，自己不会合理拒绝呢？

让我来逐一剖析其中的问题。

第一，与客户谈得很好的时候，就应该很自然地让客户签合同。既然带着合同去，客户也是成年人，就应该在销售后期临门一脚的时候发挥作用，让客户立即签约。

第二，客户没有签约，就应该解决客户为什么没有签约的问题，客户其他的问题不属于自己解决的范畴。作为一个销售人员，不必对自己的目的不好意思，目标要清晰，手腕要稳、准、狠，让自己拿单，拿提成吃饱饭，才能更好地服务客户。这不是为自己开脱，而是尊重规律。

第三，也是我尤其要强调的一点。不排除有的客户会在快签合同的时候横生枝节，他们也总想再多索取一些服务。毕竟大部分销售人员在与客户签合同之前是非常热情的，签合同之后态度就立即变化了。这属于一种多数的现象，客户缺少安全感，导致不能顺利签约。

出现这种情况，一般是销售人员依托的公司还没有足够强大的信誉基础导致的。既然公司不够强大，你就是公司诚信的反应。展现你个人将持续关注客户的体验，如果你能说："虽然我不属于售后服务部，但是我希望您购买后，我们还能保持联系。"

这样说了之后，客户的内心安定了，成交时间会靠前。当然大部分情况下，大家都很忙，购买后，客户也没心情总惦记着给你打电话。只要你销售的不是假劣产品，就不必担心这一点。

只有克服销售过程中的困难，满足自己的需求，才能成为一个合格的销售人员。

换个角度看待不平事

有一个人拥有一幢漂亮的房子，有一个大花园，大片的绿地，游泳池，总之应有尽有，但他不久便厌倦了，就像很多厌倦了婚姻和工作的人一样，审美疲劳了。房子漂亮和宽敞与否是无关紧要的，光是因为每天都住在同一幢房子里他就厌倦了。后来，他叫来一个房地产经纪人，并告诉他："我想把房子卖了，我已经厌倦了，这里已经变成了地狱。"

第二天，一则广告登在了报纸上，经纪人把房子完美地勾勒了出来。就连房子的主人都被吸引住了，他对着报纸读了一遍又一遍，直到对房子爱不释手。他立即给经纪人打电话，告诉他："等等，我不想卖了。你的广告让我重新观察了我的房子，的确，这个房子能够满足我所有的需求，这就是我最需要的房子，我一直寻找的就是这幢房子。"

看事情的角度不同，得到的结论自然不同。

有时候，能成就我们的是那些我们并不大喜欢的人，他们有的严格、有的苛刻、有的挑剔、有的冷漠……但是接触这样的人，会培养一个人的很多品质，例如严谨、细心、耐心、认真等。

如果不能换个角度来看待自己身边那些不怎么喜欢的人，自己就会陷入痛苦，心灵受苦比身体痛苦更为强烈。

可能会感觉自己很挫败，或者运气总是这么不好，等等。

就如同你正在路上走着的时候，被一个人碰倒，你会怎么想？

如果你想到这个人是故意让我难堪，来欺负我，你就一定会和他拼命。

相反，你想到遇到了一个冒失的人，他一定有紧急的事要办，你就能心平气和地继续走路。

这个世界总有一些不平事，可是就看你如何看待。

你不能要求周围的环境改变成你想要的样子，例如，在有恶性竞争的情况下，你要做的不是愤怒和流泪，而是去想怎么利用自己的资源和头脑，在坚持原则的情况下，能在这场非良性竞争的基础上站稳脚跟。

别人给你的光环，请不要接

有一只小猴子，身体被树枝划伤了，流了很多血。它见到一个猴子朋友就扒开伤口说，你看我的伤口，好痛。每个看见它伤口的猴子都安慰它，让它好好保重，并告诉它不同的治疗方法。

享受到这样的关注之后，它就继续给朋友们看伤口。继续听取意见，可是后来，这只猴子伤口感染死掉了。

一个老猴子作了这样的总结，小猴子总说痛，于是，说一次就复习一次。最终死于自己的心病。

当我们失意时，别人给我们可怜、同情、帮助的时候，也许我们很想接，但有时候要克制自己，不要轻易接下这些。

当然，对待别人轻易给予的光环，也不要伸手去接。

理由很简单，当你接了别人给的光环，你在某一个方面的个人价值就开始由另一方进行评估和评定，你开始生活在别人的舌头下。

你要让自己来评估你的时间和价值，而不是被人“吹”起来之后，为声名所累，被别人界定人生。

而当面对他人别有心机地大赞你做一切事情都很正确的时候，你该怎么回应呢？

你可以表达自己的态度：“谢谢您的赞美，同时，不要轻信我说的都是对的，因为有时候，我自己也会否定自己。”

这样你就剥夺了别人拼命夸你的权利，保留了自己的风格。

一句话回味

要学会抽离出自己对某种事物的欲望，例如总是希望得到别人的表扬和肯定。因为人要太在乎一件事情，自己的价值就会变小。

处理矛盾不伤感情

接受还是拒绝：看你做什么假设

我一个老友，据他自己说，他生活中真正的朋友只有我一个。

老友是个非常善良的人，但是和大家相处总是有矛盾。

在公司中，他总是遇到一些给他设置障碍的同事。

生活中，不如意的事情常常发生。

有件事情我觉得很有意思，别人都说“人生不如意十之八九”，可是在我看来，我的生活中“不如意的事常常只有十之一二”。

老友也问我为什么，当年我对他的回答是，可能是运气稍微好一些。

后来发生的一件事情，让我觉得不是运气的原因。

我和老友被另一个同学邀请吃饭。

我们一起去了，多日未聚，大家吃得很开心，心情都很不错。

后来要结账的时候，出了一点小问题。原来，请吃饭的同学忘记带钱包了。

老友的脸色当时就非常不好看了。后来，我将钱付清，和老友一起离开的时候，他气愤地对我说：“这个世界上的人怎么这样有心机，请人吃饭居然不带钱包。他肯定压根就没想着掏钱，不然怎么会这样呢？”

我说：“好久不见，一起吃饭还是很高兴的，他可能出门走得急，真的忘记带了。”

老友还是一脸不高兴。

坦率地说，那一刻，我发现了老友的优点往往有时候也是缺点。

他是一个非常有原则的人，不论对别人还是对自己，都原则到苛刻的程度。

本来约我们的那个同学，且不说经济实力如何，人品还是毋庸置疑的。但老友只盯着同学不埋单这个事实，当然会让人无法辩驳。当然，我欣赏老友的原因也许在于，我总是看到事情好的方面。

当你把一个人的品格定位为斤斤计较、爱批评人，你怎么能发现他的好？

如果你能意识到“斤斤计较、爱批评人”也许只是你的主观感觉，换个角度看，“斤斤计较、爱批评人”的另一面是“有原则”，和这样的人相处，其实有很放心的一面，交给他们办事，很少出岔子，让自己省心省力，毕竟事物都有两面性。

人与人之间交往中产生的矛盾，有时候也许不是事实，而仅仅是信息的不对称，当你的假设和别人的想法不一样的时候，误解产生，就开始为解决本可以不产生的矛盾而头疼了。

水滴石穿，改变格局

我们在生活中也常常因为被人误会而烦恼和苦闷。

面对误会和矛盾的时候，怎么调试自己的心理呢？

误会起因于信息发出者不能有效传达，造成信息接收者不能正确理解，或者是信息接收者没有按照信息发出者预期作出回应。

心理学有一个说法，感到痛苦者就是问题拥有者。

有很多的误会，为什么别人和我们同样承受，他们却很快忘记了，我们还停留此处？

其实，我们被误会后，不能完全地感觉自己委屈，我们自身也承担着一定的交接沟通的义务和责任。我们一直在用自己的沟通方式一次一次地重复，而给我们的误会者造成了完全相反的理解——找碴儿。

水滴石穿，改变格局，很多时候的我们，应该想想，怎么改进自己的沟通方式，这样才能有效地解决误会，改变格局。

想想看，我们需要改进的说话方式在哪里，怎样用适合对方的方式传达自己需要传达的信息。当我们多花些时间，从根本上解决问题，找到最好的方式时，一切的格局就有所不同了。

放小事，谋大局

曾经有个读者给我发过一封信，大概的内容是这样的：

“我在公司负责管理工作，上周发生了这样一件事情：一个授课老师介绍了一个学员来上课，然后向我申请拿招生提成。

“本来这是无可厚非的，后来，我去找学员调查和了解情况，学员表示，因为她姐姐和这个老师很熟，她也很高兴有个熟人在这里，于是就过来上课了。

“我问她还有其他什么原因选择这里，她说，她姐姐曾经在这里上课，于是她也愿意来上课。我认为根据学校的规章制度，这不属于老师介绍学员，我是不可以给老师发这个提成的。

“于是我就没有给老师发提成，我觉得自己没错，可是那个老师生气了，当着所有人的面，和我吵架，说我长期从事“周扒皮”的工作，说我心理变态，后来还愤而离职。

“这么多年来，我从一个普通的班主任，升职到现在的位置，靠的就是对学校的忠心耿耿，被这样评价让我感觉非常委屈，没有人理解我，别人对我的误会，严重地打击了我的工作热情。可工作还要继续下去，我该怎么办呢？”

后来这个读者还写了一些对我的赞美之词，表示她曾经看过我的书，里面讲到的是想要长远发展的人，就要知道自己要什么，因而要敢于坚持自己的观点。她相信我一定能帮助她建立自信。

看到这个问题后，我冷静地判断了一下这个读者的信，我觉得这个读者的确是心态有问题，我不能因为她是我的读者就偏袒她，而远离自己真实意愿的表达。

她顺便也歪曲了我的原意，我曾经是说过人要敢于坚持自己，但是我引导的是那些善意和善念，而不是靠着克扣同事的提成来满足自己晋升的欲望。

她明明知道应该把提成发给自己的同事，她却采取了一个不公正的调查，引导学生的回答偏离原来问题的轨道。

正是因为她知道自己在才干方面无所作为，所以她自己总结“忠心耿耿”，通过克扣同事的待遇来升职。

当然，因为她心里过不了这一关，所以她需要得到我的认可，想让我帮她印证她的做法是没有问题的。

她是一个抓住小事不放而耽误了大局的人，大家想想看，万一她的这位同事离职后，对原来的学校散布一些负面的消息，或者这名学员也因此退学，她将会给学校带来多么大的损失。

所以她根本没有站在做人、做事的角度来维护自己和学校的尊严。

我真心希望有的时候，我们可以反思自己的初心。通过学习获得成功，而不是只能看到那些对自己有利的理论，闭着一只眼睛过日子。

谨慎守来好结果

你有多谨慎，就会少多少麻烦。要知道，谁在年轻的时候就保持一份谨慎，避免引起矛盾，可能会走得更稳、更远。

例如，在一次同事聚餐的时候，同事告诉你一件事情，老板对他进行了很不公平的批评，让他心里很难受，他问你怎么看待老板这个人，你应该如何面对这样的事情呢。

我曾经就问过几个年轻人。几个人的回答完全不一样，让我们来分析一下个各自的特点。

甲说："快别提了，我上次也经历了这样一件事，老板对我也是这样，我也正一肚子苦水呢。"

乙说："老板倒也不是个坏人，但是有时候……唉，没关系，总会好起来的。"

丙说："算了吧，你别抱怨了，你要是自己真有本事，早跳槽了，干吗在这里受这份气呢？"

丁说："别说老板的坏话了，传出去不好。"

就这样，四个人，四种反应。

你是如何看待的呢，其实，我们很容易就发现，甲的回答是有问题的，虽然回答的目的是想起到安慰性的作用，但是传到老板耳朵里，就不是这样，演变成两个员工一起发动了对老板的攻击。

丙的回答会让自己陷入孤立无援的境地，任何人都有发牢骚的权利，我们虽然知道发牢骚改变不了什么，但是不应该要求别人改正他们自己。

丁的做法显得少了点人情味。

只有乙的回答最完美，一句“老板也不是坏人，不过……”似乎暗含批评，表示赞同，这才是安全的回答。

一句话回味

在一定的时间点上，重复原来的行为只能得到原来的结果。

巧妙做事，出色不留痕迹

想出色，就要找时机

一个朋友曾经在一家广告公司做设计员。他有这样的一个经历：

他工作了三个月，也整整郁闷了三个月。因为，他单位的任务虽然很多，但是接到任务后，要完成得很好，客户才愿意掏钱买下方案。

设计员们通常都要作出多个设计作品，然后由总监把大家最喜欢的作品拿给客户选择。当然，客户选择通过的，除了底薪以外，公司还会再给一部分设计费。可是，他工作了近一年，居然一个作品都没有通过。

经过了痛苦的思考，朋友还是觉得自己的创意总不会“全军覆没”，他在认真分析了自己设计作品后，认定作品的细节和创意都是很不错的。

一个偶然的机会，让他了解到了真实的情况，那就是，总监和另一家竞争公司私下的来往非常紧密，而且，总监私自把一些作品给压下来，然后悄悄地给另一家公司使用。

发现了这个情况，他既兴奋又苦恼，一方面他知道自己的作品是有市场的；另一方面，他又非常苦恼，虽然总监在私下利用自己的作品，但是凭总监和自己在公司的地位，他如果把这件事情告诉给老总，老总也未必会相信他，反而以为作品是自己私下透露给对手公司。

后来，他开始找时机。终于有一天，公司接了一个很重要的客户的业务，总监要求当天下班之前交稿，但他知道这个客户第二天中午会亲自来到公司，而且审核设计稿。于是他就想了一个方法，那就是不再通过总监，直接把稿交给客户看。

第二天上班的时候，他看到老总亲自过来了，便准备迎接新客户。于是，他装作闲谈的样子和老总说，自己的作品正好刚刚做好，希望能符合客户的要求。当时，正好老总没有什么事情，就要先看看作品设计稿。

看完设计稿，让老总大出意料。他看了之后，马上肯定了朋友的创意。因为老总毕竟懂设计，他知道这个东西应该是客户想要的。他马上把总监叫过来，说这个作品不错，总监看了后也说："不错啊，这一次是超水平发挥。"

听到这句话，朋友马上开玩笑地说："以前的作品也丝毫不逊于现在的作品呀。"说完这句话，老总就留了心，就让总监把以前的作品拿过来。老总看完所有作品，内心马上就有了判断，一个月后，总监离职。

巧用尊敬拉远距离

职场中很多女性都面临着一些办公室里的暧昧关系。

例如：有的领导要求女同事进入办公室谈话是正常的事情。

但是，如果没有目的或者经常要求女同事这样做，就说明有些企图。

当男领导因为无关紧要的事情要求女同事加班的时候，女同事一定要找一些理由委婉地拒绝。这样，男领导发现女同事有防范意识，一般不会轻举妄动。

还有的男同事总是太过关心女同事的私事，甚至对女同事的家庭、社会关系、爱情经历等与工作无关的事情很感兴趣，这就有点过分。女性在职场中，一般不要向领导提供这些方面的信息。

如何处理这样的事情呢?

综合来讲，一方面“要时刻保持清醒的头脑”，一方面还要“难得糊涂”。

不妨使用尊敬拉远和那些没有分寸的男同事和男领导之间的距离。

因为这种尊敬并不是发自内心的尊敬，而是一种外在表现方式，用来拉远和别人距离的一种暗示。

当有人在你耳边说一些暧昧的话时，你不必恼怒，也不用发火，应平静地告诉他：“我很尊敬你，希望你以后别和我开这种玩笑。”这样就会让对方偃旗息鼓。

利用好非正式场合

每个人都不能保证自己的周围永远是好人。

工作中，如果遇到一些恶意的人，应怎么面对呢?

要冷静，分析别人为什么这样说。是不是自己在平时的工作中太自我为是而忽略别人的感受。先冷静反省一下，做到有则改之，无则加勉，尽量和周围保持良好关系。

还要用一种“你好我好，你坏我比你坏”的怪招出奇制胜，把他人的恶意唬住。

我以前经历过这样的情况，一个同事总是很恶意地在领导面前生事。有一次我们一起吃饭的时候，我当着领导的面说：“老李，你有时候真不厚道呀，我总说你好话，你怎么老看我不顺眼？上次我都不记得新来的同事叫什么名字，你偏说我对新同事有想法，袒护她。”

没想到的是，这个同事没像以往那样反唇相讥，还自己笑着说：“我都是开玩笑的，你别当真。”

领导也明白他是捕风捉影地中伤我。

其实，职场中的小人是怕被揭发的，尤其在领导面前。这招很管用，以后小人对你会收敛许多。

当然，在你有了很强的实力和背景之下，就可以从容以对了，“清者自清，浊者自浊”是实力派职场人士最好的应对方法。

做好记录，防范被抢功

抢功这事，看起来很新鲜：明明不是自己分内的事情，怎么能抢别人的功劳呢？

这种情况多发生在团队合作的情况下，有人抢了属于别人的功劳，对自己在职场的发展有利。所以抢工作的本质在于抢夺利益，而这个利益本该是属于别人的。

令人想不到的是，太能干的人有时候也面临被抢功的问题。

我认识一个年轻人小磊，他这个人最大的特点是为人低调，做事高调，是公司里的销售主力。

他做销售总是善于布局，而且肯诚心诚意为客户服务。其实他背后做了很多工作，但是外表他给人的感觉是胸有成竹，凡事轻松搞定。人人都以为他手眼通天，却都看不出他在每一件事情上的努力。

老板很欣赏他，给他下了一单任务，让他去攻克一个大客户，并给他派了一个搭档明明，说是跑腿之类的杂事就交给明明去做。小磊对人向来比较厚道，对明明并不存什么戒备之心，带着他一起拜访客户，一起讨论方案，一起请大客户吃饭聊业务，事情发展得非常顺利，不到两个月的时间，大客户签约了。

当然，这与小磊几年来在业内积累的口碑有关，大客户认识的好几个朋友都是小磊的客户。就这样，签约后的两个人非常高兴地回到公司。

令小磊万万没想到的是，明明回公司之后先找老板汇报这件事情了。

而且，明明还把攻克大客户的过程做了个书面材料递交上去，老板给他记了头功。因为一直以来，老板也以为小磊是靠着三分运气搞定客户的。

看到明明的书面材料，老板认为工作中，应该把勤奋和认真看作第一位，而对轻松搞定一切的人不要太迷信，就这样老板在提成制度的分割上以明明为主。

这让小磊很恼火，他这才意识到，不仅要会做，而且要会记录，多将自己的工作用书面化的方法记录下来，让老板知道自己有多么辛苦，拿单子有多么不易。

一句话回味

命运决定一切，你自己是把握命运唯一的手。

客观准则：有效沟通就要解决问题

会听才能会说

沟通不是万能的，但是生活中大部分的事情需要沟通解决。

我们常常会接触到一类人，与他们的沟通总陷入无效。

他们不会倾听，虽然他们貌似竖着耳朵在听别人说话。

我曾犯过这样的错误，几年前，当我带团队的时候有这样的一个经历：

作为销售主管，我鼓励手下大胆做业务，敢闯，敢干。所以，我对他们日常管理的局限性很少。

一次，几个销售骨干和客户的饭局花费超标了。几个人去财务部门报销的时候，遭到了拒绝。

很有影响力的销售骨干小杨向我做了口头汇报，我衡量了一下请客对象的分量，觉得花费的数量也是值得的，体现了对客户的重视。我当时就对下属表示会替他们向公司争取超支部分的报销。

我向公司申请的时候，遭到了公司高层的拒绝。

我感觉很无奈，于是就向手下的销售人员通知了这件事情。

没想到小杨非常气愤，在他情绪的影响下，其他几个销售人员出现了消极怠工的情况。

于是，我就找到小杨沟通。向他解释公司的制度不可更改，小杨还是很抵触。

无论我怎么说，小杨就是“油盐不进”。

我告诉小杨：“公司的制度是规范，如果人人都超标，那么公司的制度如何贯彻？”

小杨说：“制度是制度，可是一个销售员如果花钱的时候畏畏缩缩，会给客户造成什么感受呢？”

在一来二往的交流中，我还是没有说服他。

后来，我干脆放弃了，出于私人关系，我请小杨吃了一顿饭，那顿饭吃得还比较愉快，我也讲了我个人的压力，没想到，吃饭之后，第二天，小杨的状态就得到了缓解和恢复。

直到很久，我才分析出当初我的对错在哪里，才总结到问题的根源。

当我向小杨讲了很多大道理的时候，小杨是不接受的，那一刻，我太功利，太迫切希望小杨能理解我，配合我的管理工作，没有分析自己给他的是一种强加的利益上的伤害。

我甚至没有听他说话，没有设身处地考虑他的感受。当然难以引起共鸣，会令他更加郁闷。站在小杨的角度来说，陪客户吃饭遇到超过预算也是很无奈的事情，本来的出发点就是为了给公司做成业务，后来还要自己掏钱，在当时工资不高的情况下，自然难以接受。

幸好后期找他吃饭，让小杨的情绪得到了平复。

这就是说，我们总希望别人按照我们的想法去做，因为“说”更快、更直接，当有想法控制别人的时候，“说”成为我们更多人选择的沟通方式，我们绞尽脑汁地为自己的决定寻找支撑。

但“只有会听的人才会说”，倾听是说的前提，先听懂别人的意思了，再说出自己的想法和观点，才能更有效地沟通。只有听懂别人表达的意思的人才能沟通得更好，事情才能解决得更圆满。

允许别人说话，允许别人表达，允许别人不接受，沟通才能更顺利。

想不发火有妙招

什么时候，达到沟通最难？

当你和别人发生矛盾的时候，甚至到了别人想和你吵架的时候，你能控制自己不发火吗？

对于很多人来说，控制是非常困难的，而且，当你控制的时候，表情也会非常不自然，很假。

那么如何控制自己的怒气呢？给大家一个很简单、有效的方法。

当遭遇别人挑衅的时候，你想发火之前，不妨先重复一遍对方说的话，当你重复的时候，对方也会陷入一个冷静的梳理过程。

例如，有人说：“你怎么把电脑用坏了呢，对工作这么不负责任！”

本来你想立即就和面前的这个人吵一架，但是你可以说：“你的意思是，电脑是我不正常操作使用坏的？你能保证不是其他方面的原因吗？而且，仅仅因为我的电脑出现故障，你就下判断说我对工作不负责任是吗？”

当你的问题问出来后，虽然你没有发火，但是会刺激对方思考，他自己就会检查出语言中的逻辑漏洞。这样，不等你发火，对方就会作解释，而解释的第一句话往往就是："我不是那个意思……"

此外，制怒的这个动作还要"防患于未然"，在和他人沟通的过程中，要有方式方法，不卑不亢去沟通。

毕竟同样一句话，用不同的语气或者不同的表达方式，可以获得不同的效果。

例如，你想给某个人一个建议，你可以要这样说："你在各方面都很优秀，如果你给我的报告中没有错别字，那就更好了。"

这样的说话语气使别人很乐意去接受的你的意见和观点，也会很容易去改正自己的缺点。但是如果你用指责的态度指出别人的问题，对方就算认识到自己的过错，也因为你指责的语气而心怀不满。

沟通以解决问题为本质

沟通的目的是什么，是为了解决当下的问题。

当人们发生争吵的时候，往往远离了这个初衷，绝大多数人都遇到这样的情形，和他人发生激烈争执的时候，思路顿时就飘到了很久以前，N 年前的事情也会被翻出来，常常会老账新账一起算。

当人们开始"翻旧账"的时候，常常忽视了问题本身。忘记了出发点是为了更好地解决问题，但是走着走着，已经偏离了我们起初的轨道。

所以，在和他人的交流中，我们要随时控制自己的话题，需要不断提醒自己，牢记目标是为了解决问题，而非对于人的攻击，沟通最终的结果也是为了问题的解决。当我们说出自己的观点以后，先听对方如何看待，随后一定要将重点转移到问题解决方案的提出上。

还要注意的是，要解决一个问题之前，就应该提前做好利益的分割，很多人沟通都是因为一些利益方面的冲突，这让沟通变得复杂，在这种时候，尽可以把问题变得简单一些，也就是兼顾双方的利益。

要弄明白你们双方角色的关系，是“在商言商”，还是有特殊的感情关系。

如果是利益上有冲突的双方在沟通的时候，人们一般都会抢着表达自己的意思，却忽略对方的意思。当你过多地考虑自己的利益，对方却没有什么感觉的时候，沟通就无法进行。

所以，既然利益是双方共同的关注点，那么，在沟通的时候，要逐步探明对方的利益诉求，以合理的分割作为原则，争取达到一致。

妥协是门艺术

我年轻的时候，感觉自己脑子转得快，常常在说服他人的过程中，让对方哑口无言。

总是以为自己又成功拿下一个客户，或者又成功说服了一个人，很有个人成就感。

直到有一次，我在酒桌上搞定了一个大老板，当时他拍着胸脯给我做出承诺，一定能够按照我的要求进行。那天我心情非常好。

没想到的事情发生了，第二天，这个老板把一笔业务转给了他的一个手下全权代理。而手下完全没有按照我和老板约定的条目进行，让我非常生气。

开始我找这位老板的时候，他还支支吾吾，说“手下人不好管”，可是没过几次，他就不接我的电话了。一笔业务就在磕磕绊绊中进行得很艰难。

这个事情给我的刺激很大，让我意识到很多事情不能只靠“术”来征服别人，还要有“道”的支撑。口头上说服别人是容易的，得到别人口头上的承诺也是容易的，但是当我们不能合理地给别人提供价值的时候，即使别人碍于情面勉强答应，但是后续，他们会因为内心的不满意而产生变故，让事情会更加复杂。

沟通同时也是门妥协的艺术。要兼顾两个方面的利益，才能做到平衡。

该妥协的时候也应该妥协，尽量不要逼迫别人勉强答应他本意不想做的事，合情合理才不会导致前期承诺时候简单，后期执行的时候繁复无比，让自己措手不及。

一句话回味

沟通时要随时关注对方的表情，有时候，一个下意识的动作就会暴露出对方真实的想法。

下篇 职场不惑：藏露有道得支持

你看自己是一个天，他人看你是一个点。让你的同事低估你的优点，让你的对手高估你的缺点，方能无敌于职场。

合作是一门艺术

合作就是合理控制

职场中，想让人心甘情愿帮自己很不容易，毕竟工作不是帮忙，各人有各人的职责，职场也不是交朋友的地方，而是赚利益的场所。

只有付出利益，才能交换到利益。这一点不但对于同事间的关系，对待领导和员工也照样试用。

不付出，靠职权控制是建立不了合作意识的。

那么什么是最好的合作？就是合理控制。每个人都有自己可控制的资源，每个人都需要作出应有的贡献。

一个合理的团队中，你如何处理和其他人的关系？

如果你要跟人合作，你就得问一问，合作的利益点在哪里？关键点在哪里？我能不能控制？

如果别人给了你全部控制权，任何事情只要你拍板和决定就可以了。

出现这种状况的时候，不要以为自己很牛，实际上，你远离了人际关系的本质，长久下去，你一定丧失人缘，就别提通过合作建立自己的人脉了。

因为当一切都在你控制之中的时候，你就只是在雇佣几个机器人在替你干粗活！最傻的人是自己。

当然，如果你全都不能控制，那么你就是在替别人的理想打工，需要检讨自己，是否在工作中，已经机械到别人都不愿意告诉你“为什么”的地步了。

合作是一门艺术，不论和谁合作，你都要分析一下，这一次，你的利益在哪里？你能控制多少？你能为对方带来什么？什么让他人选择了你？

分析得越多，越有利于自己把握事情的本质和走向。

先兵后礼得感激

在一个团队中，多数情况下你充当什么样的角色？

不得不说，每个人在团队中发挥的能力不一样。有的人是能力起主导作用，具备最好的执行力，还有的人成为主导者，是最能影响格局的人，自然还有人成为团队中最吃苦耐劳，却往往被忽视的角色。

能力不同，格局便不同。

但是无论扮演哪一类角色，都应该争取自己的合理地位。

建立自己的威严是非常重要的。因为有了一定的威严，你工作起来的时候遭遇强攻、被人随意指使安排的情况就会少。

毕竟工作中总有杂事，应该谁来干？大家都该循环分配。

如果每一次都是你来处理杂事，就要检讨自己在哪个环节出了问题。

是不是一副好欺负的样子，让大家觉得你适合做杂事。

还是你总是关注细节，忘记了团队发展目标。

人的关注力和精力都是有限的，只干杂事就只能越来越边缘化。

正确的做法是，遇到被分配杂事的情况，不必盲从，也不要拒绝，应该问清楚："下一次，还会继续分配让我做这类性质的工作吗？"

不要小看问这一句话，这一句话就亮出了你的威力。貌似你只是询问工作，但是给了别人一个信号：我可以大度，被分配做不重要的工作，但是我不会一直这样。

如果有人觉得自己无法说出这样的话，是因为个人自信感不强。在一个团队中，发发快递、写写汇报邮件、给大家订餐……这些工作最简单、最安全。

可是你真的想永远这样下去吗？

工作是锻炼出来的，没有一个压力施加下来，你永远不知道自己可以多优秀，自己可以变得多优秀。

最后一定要说一句的是，如果你有机会从事重要的工作，一定不要放过机会去尝试，即使失败了，你也没什么可失去，仍可以心气平和地继续手头的工作。

成功的路永远不是选择出来的，而是一步步走，一步步试出来的！

轻信他人就是挑战自己

合作的过程中，不相信同事是不行的。

还是我以前常说的那样，不放心把自己的后背交给战友，就打不败眼前的敌人。

但是任何事情都要适度，如果需要你小心戒备的时候，你自恃与战友关系好，不小心踩雷，你以为战友会一定背着你前行吗？

不要轻易有这种勇气。我有个朋友，接管了一个分公司，他做事颇有些江湖气，雷厉风行，手下们也很服他。

可是有一天，他开除了一个不合格的员工，这个员工居然给总公司写信，信的内容有的是无中生有，有的是添油加醋，把朋友检举了一番。

其实朋友的业绩有目共睹，可是正因为他能力超强，平时不加收敛，所以有小人作祟。公司大老板居然找人来朋友这里调查情况。

开始，朋友和我一起吃饭的时候有些郁闷，我特意让他提高警惕，该做下属的工作就得马上做。可是朋友说："这种事儿，没关系，我手下不用嘱咐也知道该怎么说。"

他说这番话的时候，我起初以为他要么就是在我面前嘴硬，要么就是还没有重视，本想和他多说几句，可是我还没来得及强调事情的重要性，他便有事匆匆离开。后来，我也把这件事忘在脑后，可是事情过了一个月，朋友被降薪了！

他一脸郁闷地来找我，问我为什么当时就预感到事情不对劲儿。我对他说："第一，离职的员工说老板的坏话，虽然这种事很不道德，但是很常见，谁都容易理解，那么为什么上面还专门找人过来调查，一定是有小人添油加醋，才导致这样的结果。第二，总公司来的人心理状态是这样的：他们来的时候毕竟是带着任务来的，本意上他们希望查出点什么，证明自己确实没白来，证明他们自己投入了工作。但是如果你会做人，稳定住周围的人心，他们自然要空手而回。第三，你的下属是个很大的问题，当有人随便说说你坏话的时候，凭你的能力，谁也不敢附和、也不敢撼动你。可是上面不支持你了，他们不知道风往哪里刮的时候，就会有不同的人，出于不同的目的来算计你。”

看到朋友很烦心，我告诉他：“现在的这个错误犯得很及时，早解决想不到的问题，就不等出大错时收拾烂摊子，此刻知道工作中的关系以利益为先，一切没那么牢固，以后自然可能站得牢固。”

这句话让朋友从愤怒的气氛中慢慢抽离出来了，我接着帮他分析，其实总公司还是信任他的能力，因为降薪这件事情并没有动摇他的根本，但是如果是降职，那就麻烦了，一定会有人希望借这次自己能顶替，如果有了这么大的利益趋动，一切不堪设想。

作为一名职场观察员，我总是看到很多人讲“在职场，如何不可被替代”，每次看到这样的说法，我都希望人们能把这个当成未来发展的目标，而不要误以为凭自己的能力，已然具备不可撼动的地位。其实没有任何人不可以被替代，“小心防备”比“以身试雷”好得多。

培养乐群气质

“乐群”这个词，来源于心理学的一个研究，有些人“乐群性”高，有些人则相反。

职场中，有人不愿意和他人一起共事，也不大愿意主动和别人聊天，接触，总是希望别人先接近自己，可是久而久之，时间长了，同事觉得他“不爱说话”，也就逐渐放弃与其交往，这时他就会感到被孤立，心理压力增大。

可是开口和同事聊什么呢?

没有经过设计，天南海北的瞎聊是不可能的，这样既显得自己不职业化，又耽误他人的时间，反而会引起别人的反感。实际上可以准备几个话题，例如：

问一问你的同伴：“你的工作进行得还好吧？”

问一问你的同事：“你把繁琐的工作做得有条不紊，请教一下有啥好方法啊？”

或者问那些皱着眉头的同事：“我能为你做点啥，是否需要帮助？”

这些话题问出来，就会让人感觉你是个实实在在，脚踏实地，又懂得合作的人，只有短短的几句话，能让你得到的回馈是相当可观的。不得不说，很多人在工作中喜欢推、拖、拉，唯恐做得太多而吃亏。你与别人不同，将来你的发展自然也会跟别人不同了。

此外，乐群的气质不是一种包装，而是一种发自内心的观点，比如当你的同事想出了一条连领导都赞赏的绝妙好计，你内心可能隐隐有些失落：为什么不是我想出来的？可是你要懂得承认和接受别人，自己没有发光的时候，不如偷沾他的光。比如你说：“你的这个主意太好了，好棒！”在这个人人都想争着出头的社会里，一个不妒忌同事的人，会让所有人觉得你本性纯良、富有团队精神，尤其领导会对你另眼看待。

在团队中，需要别人帮你一把的时候，要学会使用诚恳的态度，用恰到好处的语言真诚地感谢别人的帮助，并保证他日必定回报。可以这样说：“这件事情，非常需要你这方面的能力，没有你发挥作用，我可是六神无主呢。”

这样，他人通常会答应你的请求。当然，将来有功劳的时候，就算对帮助自己的人没有利益的报答，言谈中你也需要宣传一下他人帮你的“好人好事”。

要记得，不管人性多么复杂，人都是喜欢美好的，人都是向往快乐的，人都喜欢单纯的交往。

一句话回味

别以为控制别人是本领，控制别人用手为你做事是失败的，手代表一个人身上最廉价的劳动力。应该影响他们的心，用心才能完成最好的合作。

人情练达：参与竞争不回避

有胆量才有机会

面对竞争，可能会有人从心理上感到排斥，主观性回避竞争。

实际上，竞争是一个非常宝贵的机会，不要觉得自己资历不够，还没有准备好来逃避竞争。这种借口会延误你的成功。

心理学上有个近因效应，验证的是人们往往对时间上离得近的事情记得最清楚。

工作中同样如此，虽然你是新人，没有其他人工作的时间长，但是如果你近期的表现一直非常不错，情况就有所不同了，领导会看到你这几个月的成果，你依然有希望。

领导照样难以摆脱近因效应，也就是说他会对你近期作出的业绩，特别是一些他认为是你付出巨大努力作出的事情记得非常清楚，如果在参与公司职位竞争前期你给他留下的印象不差，实际上，你已经具备竞争的基础。

想拥有参与竞争的胆量并不难，只需要从另一个积极的层面思考竞争的意义即可。

比如，有人担心和同事一起竞争会因为处理不好与同事的关系而烦恼，实际上这充分暴露了自己在人际交往上不成熟的问题，而这类问题早暴露比晚暴露要好。要解决的问题，迟早都要解决，这是职场人必然要面对的成长。失败是成功之母，尝试是成功之父。

还有人总觉得参与竞争难免过于张扬，以为做人还是越低调越好。实际上，藏露有道的人会灵活处理高调和低调的关系，人在什么都没有的时候，不必刻意低调，什么都藏着，因为那时把自己的能力都露出来也吓不死人，还不如鼓起胆量好好展示自己。

当然这里除了胆量以外，还要告诉读者的是，应该用智慧来竞争，除了面对公司内部的竞争还有自己职业生涯的长期竞争。

把竞争这个话题延伸出来，讲一下不同年龄段职场人的核心竞争力。

大部分情况下，职场人在 25 ~ 30 岁的事业起步期，核心竞争力在于专业技术积累的是否到位，这段时间所从事的工作大多是管物的工作；30 ~ 35 的事业起飞期，核心竞争力是管理能力，这段时间所从事的工作就是管人的工作；35 ~ 45 岁的事业高峰期，关键竞争力则是策略规划与社会资源整合能力，这段时间竞争的是眼光和境界。

良性、恶性竞争都要赢

心理素质不高，应对不了职场中的恶性竞争。

职场存在着，竞争便存在着，我们不能因为有恶性竞争就完全放弃。

当你在一家公司感觉不公平的时候，去另一家公司很有可能还要面对这个问题的困扰。所以，解决问题永远比逃避问题有效。

例如，当你的竞争对手诋毁你的时候，你的心理战线还坚固吗？是不是会轻易垮掉？

当你遭受到他人的醋意又无伤大雅的时候，你可以选择沉默，沉默更是一种力量。当你保持沉默时，对方往往由于不知道你的底牌而感到无穷的压力，这时，他的意志也将会受到动摇，他自己就有可能感觉没劲透了。

我有个朋友小蕾就是如此，她年纪轻轻就是公关公司的客户经理，在行业中颇有名气，她能够和行业内有竞争性的几个公司的主管保持一种良好的关系。最主要的是她擅长与人交往，包括对竞争对手，她都能在他们中间游刃有余地施展着自己出色的交往能力。

她常说的一句话是，别怕竞争，更别忘了努力。当对手使你难堪的时候，千万别跟他较劲，静下心干好手中的工作吧，说不定他仍在原地生气，你已完成出色的业绩，这样他弱你强就已成定局。

反之，如果遇到了恶性的竞争，面对诋毁你的人你该怎么办？必须勇于反击。当动摇到你的实质利益的时候，你可以通过书面邮件的形式将一切反映出来。

值得留意的是，写邮件的时候，要注意客观。

因为当竞争到达恶性的时候，所有明眼人都会明白你和谁是对手，这时候，最忌讳互相指责，所以你在陈述一件事情的时候，请不要过多地解释个人的看法，只需要遵守事实，让相关的人能够得到真相，这样你也会得到尊重。

让对手折服你的威严

当有对手的时候，不敢面对便是懦夫。

但是当你已经证明自己是强者的时候，就应该让对手折服于你的威严。

不但要让人怕，还要让人敬。

分享一个朋友的经历：

朋友是一名设计师，他和另一个设计师的功力都是最强的。

一次升职的过程中，正好遇到一次设计作品竞赛。

两个人都报了名。

中途设计的过程中，两个人争夺资金的支持毫不手软。听说最激动的时候，朋友甚至以一拍桌子要走人的状态赢得了同等的资金。

结果是朋友获了奖，并取得优势。

大家都很清楚朋友对这次升职是势在必得。

有意思的是，公司开表扬会的时候，朋友并没有像以往那么锐气十足，反而很诚恳地对大家说，他感谢他的同事，也就是他的那位对手，正是对方全心投入，认真设计的精神感染了自己，才让自己全力以赴，取得成绩。

听完他说的话，在场的人都非常赞叹。

在我看来，朋友这招的确很好，其中蕴含的奥妙在于，他在该发挥威力的时候，全力以赴发挥自己的能量。这会让对手怕，也让任何人不能小视他。

但是，更可贵的是他做到了让人敬。

发挥威力之后，朋友对人性的把握让他又往前再走了一步！

不要小看这一步，他的感谢就是在众人中给自己对手一点小好处。

让自己从让对手怕，到让人敬，实现了本质的飞跃。

现在的朋友，已经顺利地把昨日的对手变成了今日的好帮手。

潜规则不可怕，实力不强才怕它

职场中的确存在潜规则。

但根据我多年的观察，这个现象并不是司空见惯。并且在根本问题上，大部分公司都是以实力作为评判人的标准。

但是为什么很多人都愿意相信潜规则呢？

因为有时候，人们不愿意接受“有的人成功了，就是靠着实力取胜的”这么一种心理。

承认别人是靠着实力取胜，第一显得自己无能，第二意味着自己要成功，也要辛苦磨砺才能有所获。

人们的骨子里有懒惰、推脱、趋利避害的本性，所以宁愿有潜规则为托辞混淆成功的真正规则。

我要说的是，面对事实吧，潜规则真的不可怕，只有实力不强的人才怕潜规则。

想想看，你和你的对手在做同样一件事情的时候，得到的答案都差不多，自然更通晓潜规则的那个他会获胜。

但是如果你的实力比他强，至少强两倍以上的时候呢？

潜规则基本上没有任何作用。

而且即使你还得不到自己想要的，跳槽对你也是个不错的选择。

实力决定着你能够跳多高，走多远！

例如，当公司发展非常稳步的时候，领导可能会和那些擅长说“甜言蜜语”的手下走得距离更近，这是人之常情。但是如果到了公司需要的时刻，你能显示出你的实力，领导绝对不会装作看不见。

有个女孩小冰向我谈起了她的困惑，她的工作是人事助理，可是工作了三年，每天都是做一些最基础的表格、单据整理和部门内部的考勤、报销等工作。这三年，她的工作内容和职位没有任何变化。身边的同事或者晋升或者离开，只有小冰一直保持原样。小冰认为是自己的工作性质导致现在的局面。

直到有一天，部门新招聘了一个女孩小林，小林在小冰的带领下学会了做基础的工作，令人没想到的是，半年之后，小林居然加薪了。

每次看到小林见到领导时“谄媚”的样子，小冰心理就不是滋味，她来问我是不是“潜规则”让小林超过了自己。

我很肯定地告诉小冰：“绝对不会因为潜规则，具体为什么小林超过了你，你回去观察一个月，再来找我。”

果然，小冰带着疑问走了。

一个月之后，小冰来了，她找到了原因。

小冰说：“小林对工作进行了创新，她研发的表格看起来简单，大大节约了工作时间。而且，她还重新规划了流程，这些都是小林的实力。”

听完小冰说后，我知道小冰已经走出了很好的一步，她已经能正确地看待发展。懂得了实力之后的小冰，一定会以正确的心态学习小林，获得职场的新发展。

一句话回味

让你的实力不断增长，这就给对方无形之中树立了高门槛，达到不战而屈人之兵之境。

管理情绪才能管理他人

失意时别在人前流露狼狈

多年的观察让我发现这样一个状况，很多人不是不聪明，不是看不明白事情的本质，而是在职场中因为控制不了情绪，丧失了本该属于自己的利益。

因为职场毕竟和生活中不同，职场上的人脉都是以利益为基础。

能够控制好情绪，情绪就能为你带来人气，控制不了情绪，情绪就是阻碍你建立人脉网的大敌。

李露不是个年轻的员工了，自认为在职场一切顺利的她，最近犯了一个愚蠢的错误，这个错误彻底击垮了她，以至于她找到我的时候，憔悴的脸上浮现出两个大大的黑眼圈，让我吃了一惊。

李露是我同学的妹妹，在一家杂志的广告部工作。她算非常有能力的，发展得很不错，工作后，她住的是一套 3 室 1 厅的高级套房，有私人厨房。

直到有一天，领导给李露安排了一个员工，希望她能好好照顾一下。领导说："新来的员工，年纪小，你要耐心地教育她。"

当时的李露没有太往心里去，没过多久，她就和这个实习生发生了很大的冲突。

新来的员工自理能力很差，属于个性张扬，很没礼貌的那种。尤其住在一起后，李露不在乎她是否爱干净，但是李露受不了的是她把衣服丢在洗衣机里面，然后不管不问，也不晾晒。要用洗衣机的李露不得不帮她晒衣服。

终于到一次工作分配的时候，她安排新员工做了一个表格，没想到周一上班的时候，新员工居然说忘了做。

这让李露终于发火了。正当两个人争执的时候，领导走了进来，没想到的事发生了，他见状就批评李露："你怎么回事？新来的员工当然什么都不懂，有话不能好好说吗？"

李露气结，但是她忍住了没有说话。

后来，新员工出去的时候，大家都围过来，安慰李露。有两个同事热心地问："你怎么啦？"

就在这一刻，李露说了一句让自己后悔的话，她说："新来的就是领导的关系户，我都快成她的保姆了！"

听完这句话，周围的人脸色就变了，他们再也不吭声了，大家说了几句不咸不淡的话之后，大家都各忙各的了。

接下来发生什么事情，读者一定猜得到。新来的员工越来越有特权，大家都包容她的缺点，而李露越来越被边缘化。

听完之后，我问李露："如果再给你一次选择，你会怎么做？"

她说："我绝对不会和同事说她是关系户。"

我对她说："这还不够，第一，你保守这个秘密，这样你对她的好，就会让人以为是你宽容。第二，别人问你，你也装作什么都不知道。第三，给她分配与领导接触的工作，把她变成自己手中的一张牌。例如，你希望公司规定中午休时间能够延长，就让她去作报告、汇报。第四，要沉得住气，让她激怒别人。她如果不懂事，周围的人都感觉她不好，她一定做不长。第五，挨了领导的批评，当别人问你怎么了的时候，一定不要说话，控制自己的嘴，才能控制情绪。”

说完这些话，我感觉李露全部听进去了。

我上面说的五点，如果李露能控制得了她的情绪，每一条她都可以做到。

所以，失意的时候，也不可在公开场合向其他人诉说领导的种种不对。那样，不但领导会记恨，同事们也会更加反感。失意时最好反省自己，找出错误以便改进。

情绪不定，源于无目标

职业生涯是长跑，保持稳定的心态很重要。

当一个人情绪不定的时候，会让人感觉他捉摸不定，让人不放心。这样的人，果真是情绪的问题吗？

其实不是，患得患失的人，因为没有长远目标，就会对眼前小事耿耿于怀。

在公司里，为什么总有人情绪不佳，总和同事关系处不好？

今天一个同事瞪了他一眼，让他非常不舒服，明天有个同事哭了，负面情绪传染到到自己，也让自己感到不愉快。

种种的问题都是出在工作中没有长远目标。长远目标的缺乏会导致眼前任何一件小事都有可能成为目标。有了长远目标，眼下的小事就不会动摇自己。

缺乏目标的人不但每天都迷茫，还有可能是有苦劳没功劳。

大学生小陈在一家公司工作了一年，第二年签合同的时候，公司没有与他续签。小陈为人厚道，工作踏实，在部门里人缘很好。可是，每到月末进行业绩考核时，他总是倒数。公司几次都想淘汰他，看在他勤奋诚实的份儿上，但又总是下不了决心。

离职的最后一次谈话，领导找他谈话，问他："你整天匆匆忙忙挺不容易的，你对自己的工作满意吗？"

他说："我每天早上早餐都来不及吃，慌忙赶到公司上班。下午不少同事都是一下班就回家，我从来没有过，一般情况下，我会在公司加班到八九点。我忙点累点，为公司做贡献也感到挺充实的。"

领导又问："你为公司做了些什么贡献呢？"

"我……"他有些茫然。

工作中的人情不能替代你的业绩，你自己有目标才能赢得他人的真正尊重，目标有助于我们避免这种情况发生。如果你选好了目标，制订了计划，又能定期检查工作进度，自然就会把重点从工作本身转移向工作成果。

而缺乏目标与愿景，只是用麻木的工作来填满每一天，当然难有工作激情，这对于未来毫无疑问是一种损伤。

学做石灰：越被泼冷水，越热气腾腾

先给大家讲个故事：

有位妈妈在厨房洗碗，她听到小孩在后院蹦蹦跳跳玩耍的声音，便对他喊道："你在干吗呢？"

孩子天真地说："我要跳到月球上。"

如果换作我们是家长，我们会怎么说，有没有可能说："别幻想了。”

可是这位妈妈没给她泼冷水，而是说：“好，不要忘记回来。”

这个小孩后来成为第一位登陆月球的人，他就是阿姆斯特朗。

这个小故事一直被我放在心上，人与人之间的关系也是这样，谁都喜欢和那些不会给人泼冷水的人待在一起。注意到这一点，会让我们的人缘变得更好。

在具体工作中，如果我们被同事或者被领导泼了冷水，那么应该怎么处理？

大家都知道，领导的信任、同事的支持、下属的佩合是一种资源，所以面对泼冷水的情况，据理力争、强抢资源、勉强他人是没有用的。

最好的方法是，利用他们的不信任，在此基础上建立更大的信任，再次建立起来的信任一定会更牢固。

例如，当你对自己的某一个方案有信心的时候，你找到领导激情昂扬地介绍之后，领导却面无表情。

怎么办？放弃？

不，当然要找原因，想办法。

因为万一你沮丧了，你的情绪就会通过表情透露出来，就如同脖子上挂了一个“请勿打扰”的牌子。由于心情不好，同事不喜欢跟你合作，客户也觉得最好离你远一点。你也把这块牌子带回家，小孩不敢跟你玩，家人也小心避开你。

你一定想把脖子上的牌子拿掉吧？

你可以将自己的方案放在某个点上试行一下，用小部分经验证的事实和数据给领导信心。信任是需要积累的，想想看，当一次、两次、三次你都成功了，第四次你还会发愁领导不陪你一起兴奋吗？

不要因为被泼冷水就沮丧，因为只要我们自身像石灰一样，别人越是泼凉水，我们本人越是热气腾腾，我们的情绪和热情就会感染到别人。

吃小亏，不动怒

朋友前几天给我讲了这样一个事情：

她所在的公司有个“能人”，被多位领导看好，猎头也盯上了，但是谁都挖不走他。能人和他的领导相处得非常好。

问起他为什么愿意跟着这位领导干，“能人”只说了一句话：“他是一个心里有金子都能拿出来的人。”

职场中，遇到这样的人非常不容易，怪不得“能人”不会跳槽了。

还有个故事大家应该不陌生：

有一棵苹果树，第一年，它结了10个苹果，9个被拿走，自己得到1个。对此，苹果树愤愤不平，于是自断经脉，拒绝成长。

第二年，它只结了5个苹果，4个被拿走，自己得到了1个。

“哈哈，去年我得到了10%，今年得到20%！翻了一番。”这棵苹果树心理平衡了。

但是，它还可以这样做：继续成长。

譬如，第二年，它结了100个果子，被拿走90个，自己得到10个。

也很可能，它被拿走99个，自己得到1个。但没关系，它还可以继续成长，第三年结1 000个果子……

其实，得到多少果子不是最重要的，最重要的是，苹果树在成长！

等苹果树长成参天大树的时候，那些曾阻碍它成长的力量都会微弱到可以忽略。真的，不要太在乎果子，成长是最重要的。

在公司里，个人实力的成长是最重要的，比如：公司里要评一个荣誉名额，你觉得自己非常够格，但是领导分给了其他同事，这种情况就要调整自己不要太往心里去，至少别对手头工作造成干扰。

有一些人与同事的关系不好，就是因为过于计较自己的利益，老是争求所有的利益，不能让自己有丝毫的吃亏，时间长了难免引起同事们的反感，无法得到大家的尊重，同时他们总在有意或无意之中伤害了同事，最后使自己变得孤立。

“利”未必就能给你带来多少好处，反而会弄得自己精神紧张，并失去了良好的人际关系，可谓是得不偿失。

与其他人共同分享一笔奖金或是一项殊荣，这种愿意分享的处世态度无疑会赢得人们的好感，也会增添一个人的人格魅力，会带来更多的“回报”。

一句话回味

人脉要长久，就像下围棋：你总输，你不会再想下棋，你总赢，别人不会陪你下。有输有赢有和，就是长久之道。

老板不能选择，心态可以选择

老板吝啬：帮他省钱少浪费

每当我听到别人抱怨自己的老板吝啬的时候，我都能理解打工者的感受。当然我也能理解老板的感受。

因为我也不能保证自己做了老板以后，走上资本运营的道路，自己会不会天天敲着计算器算成本。

对于一个搞企业的人来说，砍掉多余的成本，意味着自己管理和经营水平的高超。

对于员工而言，每个人都知道老板是个人事业发展的贵人，如果你的老板就是有吝啬的习惯，你该怎么才能抓住这个贵人呢？

这里要作两类区分，如果你做的是销售的工作，那么多给老板赚钱就是替老板省钱。

如果你从事的是行政类的工作，那么多给老板省钱就是替老板赚钱。

我曾经看过这样一则材料，对公司节约成本起到了细致入微的提醒。例如接待客人时，一杯水都可以做到节约，因为大部分的客人都不会喝完杯中的水，甚至根本没有喝，如今倒水给客人很多时候只是一种礼节形式。可以给客人倒半杯水，即使客人喝完了半杯，也还可以再倒。

当然，如果你在公司里能做到给老板节约，无论什么样的老板都是欢迎这种行为的。

公司内部使用的纸张可以正反两面使用，不随便浪费纸资源，不少的大公司采取正反两面使用的做法。不要小看这一个行为，假设一个人一天多用一张纸，一年 365 天，1 000 个员工，就多用了 36.5 万张。10 年下来就节约了一笔不小的开支。

如果你感觉老板特别在意成本，还有一个做事的窍门就是当老板让你去做一件事情的时候，如果在事情完成的同时，能顺便做到节约，在意节约这件事的老板自然会注意到你的节约。例如老板安排你出去办一件事，你可以打车过去，以保证效率，回来的时候如果没有急事，就可以坐公交车回来。

这些自然的行为都有可能为你招来贵人的关注。

老板多疑：汇报工作好处多

没有一个老板不想知道手下的员工每天都做了些什么。

从正面来理解，老板花钱雇佣员工，他内心是有一定期望值的，他心里希望知道每个员工每天都在干什么。

老板的这种心理促使了中层管理者的产生，说白了中层管理者对决策起到的作用并不大，但是监督基层员工的工作，并将工作成果反馈给老板，是设置这一角色的目的。

一个好员工，他会满足老板的这种心理，即使老板没有明确要求，他也会记录自己的工作日志，万一有一天，老板突然要检查工作，这一份工作日志就会帮助他大放异彩。

在接到一个具体项目的时候，一定要注意随时向老板报告当前的进度，一方面能让老板放心，另一方面也可以得到老板的信任。

换一个角度想，你的创意、你的想法、你的方案，还有你在面对困难的时候相处的所有的点子，要想得到顺利实施下去，一定要取得老板的支持，否则很难推进，不是事倍功半，就是半途而废。只有工作汇报还能让老板明白你为了工作所作的努力。

想想看，有两个员工，一个非常注意汇报，一个不愿意找老板汇报工作。

当出现一个好的项目结果的时候，老板会更加赞赏注意汇报的员工，因为他看到了这其中的过程，而不汇报的人很有可能就会被其他人抢功。

反之，如果项目结果不顺利，注意汇报的员工更容易得到老板的原谅。道理不言而喻。

汇报也要有合理的方法，职场的人脉关系是有层级的，不可轻易地越级汇报，如果你在直接领导不知情的情况下，向老板报告或请示，老板会认为你别有企图，他可能表面不动声色，私下却感觉你浪费了他的时间，太把自己“当盘菜”。而如果传到直接领导的口中，他会认为你有意想将他取而代之。这就等于是在身边埋了一颗“定时炸弹”,一个越级汇报的动作就把自己推入了最危险的境地。

还要注意的是，和直接领导一起向老板汇报工作时，要注意自己的身份，以直接领导为主，自己最多作补充。同时按照与直接领导商定的思路发言，即使不支持直接领导的主张，也不能轻易抛出，更不能唱反调。

大部分情况下，都要以直接领导作为终极请示对象或汇报对象。不要太攀高，以能与高层交流愉快为目的，要知道逞一时的欢喜，容易埋下轻浮、想出位的印象。

老板寡恩：讲究原则无烦恼

听过很多职场人都非常郁闷地问："老板无情怎么办？"

"无情"不足以界定老板的特点，在我看来，这个词应该是"寡恩"，指的是员工为老板做了很多事，但是老板并没有感激员工的这份付出，老板认为你付出劳动，他给工钱，这是很正常的交换。

还有的老板翻脸如翻书，让员工措手不及。在他翻脸时，如果员工想要说理由，对不起，他不听，如果员工说从前对他立下的汗马功劳，他更是一脸不屑。这样的老板，很有可能员工纵然对他百般呵护，只要一桩小事不顺他的心，就全盘翻覆。

为什么很多老板都这样呢？我的一个当老板的朋友说得好，多一点恰当的冷酷对他产生了很大的帮助。不被人情所累之后，朋友剔除了一些不必要的事，而不是犹犹豫豫，瞻前顾后。在老板的职责来说，老板总是需要做决定，尤其是独立决策，他们做事更多需要的是原则，而不是感性的认识，从这个角度来说，老板有那么一点点的冷酷是他所需要的。

朋友还提到了自己的一个员工，感慨现在的小女孩怎么如此精明。这个女孩去日本出差，竟然打了个长途回来，只是为了问他想吃点什么。

朋友向来不好吃，于是就说什么都不用买，但小女孩还是煞费苦心地买了礼物回来。

他感慨："我们当初学这一套怎么那么吃力，怎么现在的小姑娘这么会工于心计。"显然，朋友不太舒服，他期待的员工和老板的关系就是纯粹的职场关系。

在这里我要告诉大家的是，这类老板也许看起来最无情，最让人难以接受，但并不是不可跟随。当代社会，没有原则、太讲究人情的老板容易在商业时代站不住脚，只有寡恩的老板，一切以公司盈利为目的，他们才能走得更稳，企业也会做得更好。员工跟随他才能有长远的利益。

老板无能：你的机会到了

遇到能干的老板，你有可能变得懒惰无为，遇到“无能”的老板，你也有可能找到成功的加速器。

小飞认为他的老板无能，理由就是在专业领域方面老板还常常请教小飞问题。

听完小飞的话，我还是冷酷地打断了他，我这么对他说：“有空的时候，麻烦你算一下你一个月的收入和老板一个月的收入差距有多大。”

显然我的话刺激了小飞，于是他再也没有说话。

其实我不大喜欢人与人之间的评价使用“无能”、“吝啬”这样的词，可偏偏小飞在我面前描述他的老板的时候，就差把“白痴”说出来评价他的老板了。

这样想法本身有多无知，不需要论证，但是对个人的危害却是巨大的。

每个人在社会上都想认识成功人士，但是往往求之不得。说句老实话，如果你接触不到成功人士，就从你的老板开始吧。

他不但成功领导了你，还有本事让你埋怨却不敢跳槽，这难道叫无能？

只要是老板，你就应该去发现他的好，要么，就离开他。

道理非常简单，如果你心里不认可老板，你面对他的时候微笑有多假，自己随意照一下玻璃窗就能知道。

还是给大家讲个小故事吧：一个人在一家宠物店里看到一只鹦鹉的脚杆下面标着一行醒目的字："这只鹦鹉会英文和普通话两门语言，售价200港币。"旁边还有一只鹦鹉的脚杆下面标着："这只鹦鹉会英文、普通话、粤语和客家话四门语言，售价400港币。"

两只鹦鹉都五彩斑斓，毛色光鲜，非常机灵可爱。这个人动了想买的心思，但一时拿不定主意，就在店里面转来转去。突然他在一个角落里发现一只老掉了牙的鹦鹉，毛色暗淡散乱，标价800港币。

这个人赶紧将店主叫来说："这只鹦鹉有什么独到的地方呢，它是不是会说八门语言？"店主摇摇头，说道："它一门外语也不会。"

这个人感到非常奇怪，说："那你的价钱不对啊，是不是标错价格了？"

店主回答："没有标错价格，因为另外两只鹦鹉叫这只鹦鹉——老板。"

职场中，凡是抱怨老板无能的人，大多数都没能带来好的结果，再优秀都只能黯然离开公司。

所以如果真的遇到在某个方面弱势的老板，就马上帮他做好你所擅长的事吧，这是你最好的机会！

一句话回味

不要说老板在哪几个方面的技能不如你，也许他根本不需要你所擅长的那些技能。

长久操作，让客户对你忠诚

投递名片留印象

人们在一天中，会擦肩而过很多人，由于工作原因也会接触太多人，你会记住其中几个？

有个故事讲的是，有人为了让别人留下印象，特意在一场选秀节目中，把领带搭在了肩膀上。果然赢得了评委的好奇和关注。

想让别人记住你，名片是介绍自己很好的方法。

我的很多朋友都是多头衔，于是每个人不只有一种名片。这样对于不同的人群有不同的投放，能起到不错的效果。

递交名片除了常规的方法，例如标准姿势是正面面向对方，双手奉上。眼睛看着对方，面带微笑，大方地说“这是我的名片，请多关照”之类的客套话。还要注意常规事项，例如递交名片的时候，要按职位的高低，或由近及远，挨个送，不能中间跳过感觉上不那么重要的人。

当然，还要注意递名片的时机，不要过早地发送名片，过早散发热情会引起别人的不舒服，还不能在用餐时发送名片，因为这个时候，适合社交而非商业性的活动。

此外，这里还要教大家一个方法，在合适的不嘈杂的场合，给客户递名片的时候，不妨给客户讲个故事，这样就能给客户留下深刻的印象，让他记住你。

讲什么故事呢？递名片是个短短的时间，把握几秒钟的时间，不能长篇大论，可以讲讲自己名字的故事。例如："您好，这是我的名片，我叫陈轼。这个名字是我爷爷给我起的，他一生崇拜宋代大家苏轼，他告诉我'轼'原本的意思是车前一块没有实际用途的木头，但是苏轼却是几百年少见的奇才。他给我取这个名字，希望我能有所成就。"

放心，当你生动地介绍好自己的名字，你的名字一定就会被对方记得。而且，介绍和自己名字有关的故事，有个非常大的好处就是，你不会被别人打断。

当客户需要这笔业务的时候，对你有需要的时候，你猜猜他会不会想到你？

对客户说"这不适合你"

在你拜访客户的时候，你会筛选客户吗？

大部分人都急于成功，急于结交成功人士。可是在这个过程中，他往往容易忘记筛选客户。

要知道适合自己的，才是最好的。

有的客户虽然很富有，很有实力，但是他不是你的"菜"，应该学会放弃。还有的客户选择合作方的时候，态度也是不成熟的，属于不明白自己要什么的人。

就"品牌"的问题，当年我曾问过我尊敬的一位老师。

他有个观点非常有意思，他认为不论做什么品牌，先找到有价值的客户是最重要的。

当时我没有懂得有价值的客户是什么意思。

老师告诉我的是——有价值的客户就是不会因为价格左右，而放弃这个品牌。也就是说，当你降价，他会购买，因为他认可你。当你涨价，他还是会购买，还是因为他认可你。

老师的这番话，让我在这么长时间的阅历中体会越来越深刻。

也让我总提醒那些为伺候不好客户的朋友们，不要担心，有的人也许是因为他本来就不是你的客户。

一个人的精力是有限的，在某一段时间内，他所能服务的客户是有一定数量限制的，当一个人把不属于自己的客户放到自己篮子里的时候，意味着要挤压那些真正有价值的客户。

所以，这个世界上有太多的人，也有海量的信息，你要准确判断，你适合哪一类人群，如果找不到这群人，你就无法有的放矢。

那么，当那些不是你的客户来找你的时候，你会如何做呢？如果你足够有判断力，你会不会有勇气说："对不起，这个不适合你。因为……"

如果你敢这么说，那么恭喜你，你有可能将这个本来不属于你的客户，就有可能成为你的客户，因为他有可能给你介绍真正的客户。

客户爱发火，不是针对你

当客户冲你发火的时候，你确定不是你的责任，或者是他一反常态，小题大做。

该怎么办？

大部分人心理想要克制，但总是忍不住，这是因为客户的发火伤及了你的面子，你还是觉得他在针对你。

当一个人对你没有恶意，却真冲着你来的时候，你要做的第一个动作是将挨骂的这个行为与自己的人格相脱离，要知道他只是在对产品表示不满，或者这个可怜的人已经在哪里受了一肚子气无处释放，只能在你这里表示他的委屈与愤怒……

所以你只需要保持平静，然后脑袋里想着你该想的事。听他说完这件事情，相安无事后该干吗干吗。

当你发现客户起情绪、想吵架，或者指责你的时候，这种情况的时候，不要总是去说这样的话："你先冷静，你先听我说……"因为他在愤怒的时候，不可能去听你说什么，他可能会粗暴地进行打断："如果是你，你能冷静吗？"

所以，先迎合情绪，再治理情绪。在商业上，个人情感的输赢没有实质意义。你和客户所追求的是在双方利益均实现的基础上取得双赢的局面。

例如，当客户批评你推销的产品使用不到三天就坏掉的时候，你可以先说："我能理解您的感受，换作是我，我也生气。您具体和我说一下情况吧……"客户情绪得到了理解，自然就能冷静。

最后，当问题解决了的时候，情感冲突缓解后，有些象征的体态语言往往会起到意想不到的、使局面发生逆转的作用，如与对方握手等。

这样，用行为表示道歉是谈判中成本最少，而回报最高的方法。

学会套牢：服务之后再服务

想套牢客户，就不能只做那些你承诺给客户的事情。

与其要一批没有忠诚度的客户，不如培养一批铁杆粉丝。

铁杆粉丝是你成事的机会。

对待客户也是这样，不是看你手头有多少客户，你有多强的占有资源的能力，而拼铁杆粉丝就要看，你的客户支持你的时间是否足够长，粉丝们支持同一个人的时间越长，他们就越不舍得退出。更重要的是铁杆粉丝在社会上给你的正面宣传是很难得的免费资源，他们不但自己认可你，还会把你推荐给他人。

想套牢粉丝，就要服务之后再服务。

给大家讲个小故事：有一个非常勤劳的小男孩，他得到了一份工作就是为一户别墅的人家修剪草坪。

小男孩做得非常起劲，这户人家也非常喜欢他。

有一天，这户人家接了一个电话，电话里的人说："你好，请问你们需要修剪草坪的人吗？"

女主人回答："不需要。"

电话里的人接着问："你们这里已经有人修剪了是吗，我能提供的人很专业。"

女主人再次回答："他做得挺好，我们不需要。"

电话里的人最后又问："如果我保证价格一定低很多呢？"

女主人平静地说："不，我们觉得目前一点都不需要，给我们修剪草坪的男孩做得非常好，我们愿意给他支付。"

当这户人家挂完电话，打电话的人才对自己说："看来，他们对我很满意，我属于能够把事情做得很好的人。"

原来这只是小男孩对工作的自我检测。考核了服务对象的满意度，也建立了其对自己的忠诚度。

对待客户就是如此，是不是合同一签，你就立即忘记了客户的名字？

这样做是非常不理性的。

不论是你在向客户推销大物品、小物品、一个理念，甚至一本书，你都需要关注后期使用的环节。即使出现问题不需要你解决，只要你愿意关注，客户就对你能够产生安全感和好感，他们会感觉你还在他的身边，你还会履行你的承诺，并且值得信赖！

一句话回味

与客户签约后，还要不断给客户惊喜，帮助客户忠诚于自己。

同事变战友，利人利己可双赢

私人领域不侵犯

人们不喜欢他人挨自己的距离太近，例如坐拥挤的公交车的时候，人们的距离不得不拉近，那时候人们怎么表达自己对于距离的要求？人们会调整脸的朝向，调整呼吸方式来拉远和别人之间的距离。

在某个程度上来说，人与人之间就是如此，在办公室尤其是这样。办公室是一个狭小的空间，但是就是再狭小的空间，人与人之间也是一定有一个安全距离的。

从物理的角度来说，应该注意，不要随意坐在同事的工位上，和同事说话的时候，不要挨得太近，尤其是正事。

我曾听一个小女孩控诉办公室的另一个小女孩不守规矩，听来听去，实际上有也没有什么大不了的事情。她最不可忍受的一件事情，就是有一次，她老远就看到那一个女孩坐在自己的座位上，这令她很反感。

因为面前有电脑弹出的窗口正谈着事情，左手边有自己刚联系的一个客户的名片和电话，虽说没有丢失什么，但是她总怀疑那一个女孩“不怀好意”。

当然，控诉者本身也应该注意安置好自己的物品不要乱放。

但是被控诉者也的确应该注意的是，保持安全的物理距离。

在职场中，好的人脉关系当然要注意距离。除了物理距离，还要控制心理距离。

每个人都有自己的隐私，而大部分人每天至少有 8 个小时消耗在办公室里，甚至比待在家里的时间还要长。

越是如此，越要控制自己的话题，谈论私人话题一定要看清对象，别以为“要和同事友好相处”就一定要和别人推心置腹。

也许你“掏心掏肺”的结果，对方却并不认可，因为人的价值观是不一样的。

大部分人根本不关心你的隐私，例如你个人的情感生活、童年经历。与其关心这个，还不如听你和领导谈了些什么更来劲。

还有少数人，时刻用好奇的目光关注着他人的隐私，这种情况就更危险，你无法判断对方的询问究竟是出于善意还是有其他的目的。即使没有恶意，他随便在领导面前反映你最近心情不好，这就会让领导觉得你没有积极投入工作之中。

如果有一天，工作的压力逼迫想要找人发泄，但请记得同事都不是心理医生，有些东西应该锁在自己的心里，或者找生活中的朋友来分享。

是非朝朝有，不听自然无

是非是难免的。

如果你竖起耳朵听，会听到太多的是非。

但是如果你闭上耳朵，整个世界都安静了。

曾有人和我分享了她个人的一段职场经历，年轻人叫邓晓风，她一直在公司里属于那种很普通的角色。

后来公司里来了一个新人叫董莉莉。董莉莉是个很高傲的同事，居然上班没几天就在办公室和领导吵了起来。

具体为什么争吵大家都不清楚，但是大家议论的是为啥她刚来就敢和领导顶嘴。

这成为办公室最大的话题，唯一对这个话题不感兴趣的人就是邓晓风，她老家在农村，农村人天生热情，淳朴，但是有时候难免发生口角，她妈妈告诉她的是，永远不要在乎别人都在说啥，所以她家是整个村子最和气的一户。

在晓风对面坐的人是陈燕，陈燕看到整个办公室都在议论的事，唯独晓风不理睬，就想拉着晓风聊聊，她对晓风说："你觉得新来的董莉莉怎么样？"

晓风老老实实地说："没有接触，不了解。"

陈燕就说："你看她这个人多自以为是，居然和领导吵架，你说她是不是有点来路。有同事说看见她有一天坐着领导的车来上班的。"

听完后，晓风马上站起来，说："我现在特别忙，得去趟财务室，以后再聊吧。"

看到晓风这么不感兴趣，陈燕便没有话说了。

后来，事情慢慢平息了。

但是晓风在领导的眼中似乎有点不一样了，每当对员工有什么小政策，领导都会听晓风的意见。

半年后，事情自然揭晓，董莉莉的确是有来路的，她是某高层领导的亲戚，而且，董莉莉在领导面前对晓风的评价是："心地纯正。"

很多事情就是如此，比如你的某位同事和领导有着亲密的关系，你知道了又如何？也不会因为你知道了，他们的关系就薄一层。再比如，谁为人骄傲不好相处，于你本人又有什么关系？包括谁是某名牌大学毕业的，谁是怎么被招聘进来的，等等。

沉下心想一想，有的事情和自己一点关系也没有。

放大积极美好的一面

如果有心，你会发现，当一个人告诉你一个属于你的好消息的时候，你兴奋无比，第一个分享感受的一定就是眼前这个传递好消息给你的人。

同事关系也是如此，当有好消息的时候，请记挂你的同事，例如，单位里发物品、领奖金等，你先知道了，或者已经领了，不要一声不响地坐在那里，要向大家通报一下。

把好消息传递给同事，心里有别人，别人心里才能有你。

此外，与同事说话的技巧也非常重要，当你接受同事帮助的时候，怎么放大积极美好的一面？那就需要上升到一定的理论上，不要只肯定同事帮你纠错，还要告诉同事："我应该学习你这种耐心细致的能力。"这会肯定对方的一个美德，比单纯的道谢要有力得多，让同事感觉自己做好了一件事情。

与此相反的是，当和同事之间出现了不愉快的现象，也不要上升到理论的高度，就事论事是最好的态度。

例如，朋友告诉我她和一个男同事之间的决裂事件。他们以前属于不错的同事关系，但是有一次，她和一个客户发生争执的时候，同事不帮她，朋友并不生气，可是这时候，这位男同事对她的评价是“推卸责任”。

一件简单的小事，和一次小小的争执，被拔高到对一个人职业态度的攻击！朋友当然和那位男同事决裂了。我们得承认，人心都是趋利避害的。况且，如果真的是我朋友的责任，争执是没有用的，承担责任的人还会是她自己。指责朋友的这位同事，却令人感觉刺心。

再例如，我以前也总是劝年轻人，职场人不要抱怨，但是这件事情往更深度想想，其实也没有到了非纠正不可的程度，我们告诉年轻人的是，抱怨是没有用的，难道这个道理，年轻人不明白？生活会让他明白，我们不能一看到青年人发几句牢骚，就上升到理论的高度，批评他们“总在抱怨”。而是更应该给出好的方法，解开心结，教他们如何壮大自己。

当一个人不能理解一个事情的时候，要记住，批评总是苍白的，给出合理的建议，帮助其改变，比站在高角度的指责更让人敬重。

尊重不同，沟通不是万能

曾听到一个有意思的故事：

有个外星人刚刚交了个地球人朋友。外面天气十分寒冷，地球人把手放到嘴边，不停哈气。外星人忙问这是什么原因，为什么要这样做。地球人说：“天寒手冷，哈点热气，手可以变得暖和些。”

进屋后，他们一起吃饭，饭菜很烫，地球人夹起菜放到嘴边吹。外星人觉得奇怪，就问：“菜已经很烫了，为什么你还要吹气？”

地球人说："饭菜太烫，我把它吹凉。"

外星人说："你这嘴一会儿出热气，一会儿出冷气，我不相信你。"

外星人想也想不透的事情，地球人讲也讲不明白的事情，印证了人与人之间有着无法理解对方的状态。

公司中同样如此，当不同的人出现不同方案的时候，不要轻易给别人下结论。例如某个不靠谱的同事想了个不靠谱的方案，你对此马上提出反对意见。

天下最聪明的人永远不只我们一个，不同的人分析问题的角度不同，给出的结果就不同，当想法不一致的时候，你可以陈述自己的观点，但是永远不要靠批评去左右别人的想法。

这里，我要给读者一个颠覆性的观点，我不能保证一定对，只能给你在职场为人处世多个选择和参考，那就是：沟而不通的时候，放弃沟通。

很多人都在强调沟通的重要性，这点并没有错，但容易忽视的问题是，当两个人立场不同，经历背景不同，看待事情的方法完全不同的时候，沟通的力量往往显得很薄弱。例如，老板需要敲定一个方案。A 员工提出的方案基于自己的成功经验，B 员工提出的方案也有自己的成功案例证明。

此时，A 员工和 B 员工之间无需沟通，意见不同也没必要互相说服，此时只要老板做好决定，另一方无条件地服从和支持方案被选中的一方即可。

再比如，当公司各部门之间的利益发生冲突的时候，只能靠决策，而无法靠沟通。

比如，财务部门想要节约预算，而市场部门的目的是为开拓市场，当发生这种情况的时候，两个部门的同事坐在一起谈"沟通和谅解”，只能是缘木求鱼。

最后落实到个人的关系上，你和某个同事出现根本性利益的冲突，或者想法就是不一样，是一定要为了沟通而沟通，还是开诚布公地告诉对方：“这件事情，我们各自的想法就不要沟通了，一起把任务完成就可以了，好吗？”

这样，矛盾和可争议性的问题才能真正淡化。

一句话回味

和同事立场不同的时候，不要去说服，你可以说服第三方来支持你的想法。

一步一脚印，画好升职图

地位高，任何性格都优秀

很多人常常说：“我不想升职。”

问其原因。

有人告诉我，他是个内向的人，进入职场，能和同事顺利交流就不错了。升职这件事，并不能打动他。

还有人对我说，他自己的性格太外向，喜怒皆形于色。当领导需要深沉，有城府，所以，他感觉自己对升职这件事情没有特别的想法。

的确有人不想升职，但是只要琢磨透人性这回事，就明白性格不过是阻挡升职的一个借口。

当一个领导性格外向的时候，别人会怎么评价他？大家可能会说，这个领导非常平易近人，很有魄力。

当一个领导性格内向的时候，别人又会怎么说？大家还可以这样说，这个领导属于深沉型，很有深度。

所以，性格不是升职的问题。问题在于的确有职场人不想承担，渴望平静。青年人面对的危机有两种，一种不知道奋斗的出路，另一种不知道奋斗的理由。

每个人对职业生涯的选择和设计不同，但是我要说的是，那些想改变现状的人，要懂得甩掉任何包袱。

正如有一句话是这样讲的——做你没做过的事情叫成长，做你不愿意做的事情叫改变，做你不敢做的事情叫突破。

有时候，也许你没有那么了解自己。

有个女孩叫小可，她从事化妆品销售，工作到第三年，上级认为她做事有效率也有一定经验，想要升她为店长，小可却以“宁愿不升职也不想管人”的理由谢绝。小可说自己喜欢闷头做事，不适合做牵涉人员组织调配的工作。

其实，我给她的建议是，别急着说不，也别急着说好，不妨对职场中的自己进行全方位评估。可以从领导、同事等多个角度了解他们对自己的看法和评价，发掘自己潜在的优点，增强升职的自信。

花 80% 的能量经营 20% 的重点关系

想升职，就要学会花 80% 的能量经营 20% 的重点关系。

重点关系分为两部分，排第一位的是你的领导，没有他的信任，你行也不行。

这表现在，你需要在他面前给自己建立起一个沉稳，不慌乱的好形象。例如，当你听到一件坏消息的时候，以最婉约的方式传递坏消息句型：我们似乎碰到一些状况……

你不可以慌里慌张地冲进领导办公室报告这个坏消息，就算不干你的事，也只会让上司质疑你处理危机的能力，弄不好还惹来一顿骂，把气出在你头上。

你应该以不带情绪起伏的声调，从容不迫地说："我们似乎碰到了一个状况，就是……"

也别用"大事不好"这一类的字眼来描述事情。

要尽量让领导觉得事情并非无法解决，而"我们"就意味着你对领导是忠心耿耿的，搞笑一点的说法是犹如一条绳上的蚂蚱。

想晋升的你，面对领导的考察时，或者当领导给你指派一个任务的时候，把"好的，我马上去"当做口头禅。这样的口头禅会令领导直觉认为你是名有效率、听话的好部属。相反，犹豫不决的态度只会惹的责任本就繁重的领导对你缺乏信任。

当你做错一件事情的时候，领导找到你，千万不要狡辩。因为每个人都会犯错，但是每个人处理错误的态度是不一样的，你不妨勇于承认自己的疏失，因为推卸责任只会让你看起来像个讨人厌、软弱无能、不堪重用的人，不过这不表示你就得揽下所有的责任，你不妨这么说："这件事情我没多检查，不过幸好……"

当你有机会和公司的大领导坐在一起的时候，你需要说点什么呢？坦白地说，你必须很早以前就准备好话题，最好是对公司发展有利的建议。当然，如果你实在没有，就不妨讲一个跟公司前景有关，而又发人深省的话题。问大领导关心又熟知的一个问题，当他滔滔不绝地诉说心得的时候，你不仅获益良多，也会让他对你的求知上进心刮目相看。

第二是周围的人，也许你平时太过于严肃，总让人感觉难以接近，或者你平日连招呼也不跟同事打一个，跟同事间的唯一接触就是开会或交代工作，试问这样的你又怎会得人心。所以主动和人打招呼不可少。

另外要一视同仁，无论公司中遇到茶水阿姨、暑期练习生或快递员，你都应该保持尊重和礼貌。这并不困难，却能赢取公司上下的好感。

管好十人再找机会管百人

大部分人升职都是一步步走上来的。

只有科长当好，才可能当处长。

毕竟一个人的领导能力不是谁一眼就能看出来的。

想要稳步上升，管理能力尤其重要。

如果用错了管理方法，十个人都管不好，那还怎么有可能管百人。

我一个师弟，工作业绩有目共睹，半年就表现了卓越的能力，过了两年，他就被任命为产品业务部总监。

师弟非常想好好干，于是他请教了自己的一个朋友，一个资深的管理者。这名管理者毫不犹豫地告诉他，一定要和下属“保持距离”。师弟如实照做了。可是没过多久，师弟就发现和下属之间的关系显得“怪怪的”。

有一次，居然被当场强白，一个员工对于师弟的做派表现了明显的不满，毫不客气地说：“你怎么总像个老师一样，总告诉我们这也不行，那也不行。”

这句话当时给师弟打击得不轻，他反思自己：的确高高在上，指手画脚，用单一的标准评判下属的工作。

后来，听完他的诉说，我给的建议是，每一个公司有每一个公司的气候，每一个团队有每一个团队的气候，每一个行业有每一个行业的气候。他们是做业务的，公司整体又是一个开放的氛围，对待员工应该多采取激励。

此后，师弟果然用亲近下属的合理方法，赢得了大家发自内心的尊敬。

不同的行业，没有统一的准则，管好这十个人，和管好那十个人，方法和手段又不同。只有善于在生活中摸索，才能有自己的经验和门道。

让自己真正享受其中

当一个人有目的性的时候，容易犯的错误是什么？

是急躁。

我花了很多年时间才懂得了这个道理。

对于升职来说，你有重点关系要维护，下面的案例同样也适用。

很多年前，我去见一个非常重要的人物时，我表达了对他的尊敬，并邀请他一起吃饭。去的地方是当时非常有名的一家餐厅，价格不菲，足以显示我对他的诚意。

当他答应见面之后，我内心的喜悦无法克制。

于是，我精心策划了吃饭时应该如何将话题递进，逐步让他进入我的话题，并对我产生好感，能答应帮我。

事实上，那时的我对社会上大部分的应酬和交际都很有把握，自以为自己的经验已经很丰富。可是，我发现事情有点不对劲儿，我约的人兴致勃勃来赴约，可是过了没多长之间，他好像状态有点懒散了，甚至吃饭的时候对我的话题有点充耳不闻，这让我心里更加着急。不得不总重复我想请求帮忙的那件事儿。

一步错，步步错。后来，我约的人拂袖离去，令我非常懊恼。

那一次，莫名其妙地丧失了机会。

很多年我没有想通这件事，直到有一天我也面对了这种情况。

有个不常联系的朋友要见我，因为以前关系很不错，我就答应见面。

约的地方是茶楼，相当不错的环境令我心情也非常不错。

我们坐下来寒暄一番，服务员问我们喝什么茶的时候，老朋友的举动让我非常不舒服。

每当要选茶，或者是茶点的时候，他就把单子推给我，让我来选择。

每当我选一样，问他是否可以，他的回答只有三个字："我随便。"

不知道当时我的心里是怎么产生了化学反应，我感觉非常糟糕，其实来之前，我就知道他无事不登三宝殿，我之所以愿意来，就是念在多年的交情。我也不怕麻烦，只要我有能力帮忙，又不为难的情况下，我愿意帮他。

可是，他当时的态度对我是一种伤害。

他完全没有丝毫地享受多年老友见面的这个过程。

他是带着任务来的，他只有自己心里的事，根本不关注我的感受！

猛然间，我就理解了多年前我的那一次失误。

因为当时总觉得如此高档的餐厅，我的钱包也足足的，对面坐的人爱点什么菜就点什么菜，只要他能答应帮我办事就可以了。

那种对菜单毫无兴趣的眼神，无意间还是出卖了自己的急躁和功利。

职场中同样如此，你会和领导一起吃饭吗，领导对你说话的时候，你的眼神游移吗？

小心，如果你不能从内心端正自己，告诉自己一切不要急躁，那么，当你暴露自己的那一刻就是失利之时。

一句话回味

升职并不难，只是你要懂得，如果你想得到从未得到的礼物，就要做从未做过的事情。

要想活得久，说话做事有保留

非工作场合别放松

职场人际和其他的关系有点不同，因为工作中的等级制度是非常明确的，上下级关系也是不可逾越的。

这种不平等的关系不会因为场合发生变化，也许你的上级没有架子，显得平易近人，但是如果你真的放松下来，他心里又会不舒服，这种不舒服会用实实在在的工作形式给你一个很大的打击。

小范周末有时候会和她的主管一起参加聚会。由于两个人都不再穿职业装，不上班的时光中，人也容易放松下来，所以小范感觉主管就像自己的姐妹一样，内心很放松。

聚会认识了很多人，大家聚在一起聊天，其实也没有全部聊工作，女人们聚会聊天的话题常常是男人。因为话题也很随意，小范就好不保留地抒发自己的观点。

当然，小范和主管对于婚姻的态度是不同的，主管四十岁未婚，而小范 25 岁就早早结婚，主管说："女人不必把婚姻当做幸福的手段……"话音未落，小范就抢白说："婚姻当然是幸福的手段之一了，在我看来……"一席话让主管的面子再也挂不住，冷冷地没有再说话。

小范倒是心无城府，她想："又不是什么工作话题，随便聊聊，大家都不会太当真。"

周一早上一来，办公室里，两个穿着职业装的女人立即变化了角色，小范的主管给小范一摞厚厚的有错误的文件，要求周二早上必须提交正确的。

看到这摞厚厚的文件，小范算是明白了什么叫"祸从口出"。整理文件到半夜的小范再也没有周末的精气神了。

很多人都是如此，在公司里非常清楚自己应该如何表现，也知道怎么样才能为自己塑造一个积极的形象，帮助自己快速发展。可是，他们不认为生活中也要遵守职场的规则，与上级一起聚会，吃饭、喝酒，并不意味着你的上级真的就和你平级，成为你的好哥们儿、好姐妹，你依然只是领导手下的一门员工。

在和上级私下接触的环境中，你要给上级留足面子，尤其是商业聚会，那更是如此，你们两个人就代表了一个公司的规矩和生态。有人胆敢抢上级的风头，自然会被认为是上级管教不严的失误。

谨慎发邮件

人们已经越来越离不开电子邮件。有人明明是三言两句能够说明的事情，但一定要发个邮件显示其正式性。

除非你邮件非常符合商业规范，不然，就开始学习其中的门道，而不是频繁使用邮件。

文字给人提供的可以揣摩的空间太多了，也许只是一封普通交流的邮件，可能会被收信者看作是发牢骚和抱怨的邮件。也许只是一封就事论事的邮件，可能收信者会以为这是无理挑衅，因为你的邮件中含有强硬、愤怒的情绪。

尤其在工作中，常常有两个人或者两个团体利益不合，发生矛盾，开始打“邮件战”。自以为很精彩，而实际上会被“一群不明真相的围观同事”鄙视。

因为大家根本没兴趣去了解事情的来龙去脉，更不会仔细看别人邮件里发的什么内容，大家只会认为——那两个人打起来了！而且还占用了公共空间，都很没有职业道德。

邮件还是可怕的证据。不得不说，一个人在职场中说出去的话，如果不想承认，是可以抵赖的。但是如果写了邮件，这就是充分的证据。

甚至还有人会发生误发邮件的情况。在我认识的朋友中就有人发生了这样的事情。

朋友和他的领导之间存在问题，他非常想在内部调岗，于是就给人事部门的人发邮件。邮件中直言不讳地表达了他和领导之间的问题，其中难免有些个人主观色彩。

发邮件的时候，他还陷入对领导的负面情绪中没走出来，因为写邮件的时候总是想着领导对自己的打压，他在邮件的收件人栏里居然填写了领导的名字，而且点击发送的时候，手太快了，已经无法挽回了。

可想而知，信任关系必将破裂，而且这个行为是无法修补的。

打击别人难获尊敬

想有好人缘并不难，曾经我有个同事，如果没有强大的心理能力，和他相处的日子是很难保持良好心情工作的。

那个同事非常喜欢观察我在干什么，当我写好自己工作报告的时候,他一定要看看。其实,在我看来工作报告也没有什么秘密，就给他看。

有意思的是，看了报告之后，他把自己当做我的顶头上司，质问我，为什么该用句号的时候用逗号？

我当然不想为这种问题争执，他把工作报告还给我的时候，说了一句："写得还是挺不错的，你从哪个网站下载的？"

当然，他的话我已经不再当回事了。那时候我的感觉就是当遇到打压你的同事的时候，应该学会像竹子那样，自己相信自己，在压力来的时候，不折不弯，然后寻找机会反弹。

后来，类似鸡蛋里面挑骨头的事情在无数次出现之后，我的心理承受能力大大加强，再遇到类似的同事都能应付了。我也发现面对爱打击人的人，最好的方法就是自信，只要自己不倒，没有任何风能吹倒你。

如果一个人，想让职场人脉账户亏空最简单的方法，就是长一张打击人的嘴。当然，有的时候，也许是无心，但是他人会以为是打击。

类似以下这样的话还是少说：

"我觉得那个省的人，非常小气，那里的女孩长的都不好看……"

"我认为追星族就是脑子有问题，整天吃饱了没事干，闲的……"

“有人一下班就溜了，也不知道收敛收敛……”

对某种现象的批判，可能会打击一大部分人。还有对于个人信仰的问题，也最好少谈。

如果有人问你：“你信什么教？”为了避免起冲突，少谈这类话题，你可以幽默地回一句：“我信睡觉。”

过度炫耀招攻击

过度炫耀生活中的事情，会给别人造成心理上的压力。

不要在痛苦的人面前说你自己有多快乐，这是人们之间约定俗成的规矩。

法国哲学家罗西法古说：“如果你要得到仇人，就表现得比你的朋友优越；如果你要得到朋友，就要让你的朋友表现得比你优越。”

在人与人的接触中，每个人都希望能得到别人的肯定。当我们让同事表现得比我们优越时，就给了他们一种机会，让他们收获到一种得到肯定的感觉。

但是当我们表现得比他还优越时，他们就会产生一种自卑感，甚至对我们产生敌视情绪。因为谁都在自觉不自觉地强烈维护着自己的形象和尊严，如果有人对他过分显示出高人一等的优越感，那么无形之中是对他自尊的一种挑战与轻视，排斥心理乃至敌意也就应运而生。

同时，还要注意的是，在同事的眼中，领导的表扬其实也是一种资源，告知他人也是一种炫耀。

我们总能发现工作中有人不是说自己有什么能力，而总是拿自己和领导的关系来说事儿，来证明自己的身份和作用。

实际上这在心理上充分证明了这类人内心的脆弱，他们对自己极度不自信，感觉缺乏安全感，认为自己的能力不可能在提升了，也不知道该如何立足于自己的团队中，所以会采取别的方式来突出自己的价值。

面对这样的人，大部分人心里都会感觉非常不舒服，那么当自己不这么做的时候，遇到这样的人，我们应该怎么应对呢？

从内心上坚定自己，不崇拜权力，也就无所谓别人和领导之间究竟存在什么关系，更加无所谓这种关系的真假，也就无从受到伤害了。如果真的有人在你面前用这些特殊关系来炫耀，那也不必多加纠缠，只需要一句："领导这么信任你，你是不是就快升职了呢？"

这样，你就杜绝了被情绪污染的可能性。

一句话回味

好的职场生态是和谐，和谐的最好状态是——你行，我也行！我行，你也行！

职业化手法，让你被信赖

办公桌也能展示实力

一个人的实力，有时候是不能直接看到的。

一个人的做事方法，也不是能够马上预料到的。

这时候，观察他的生活习惯，观察他关注的话题，就能让你猜透这是一个怎么样的人。

我们环顾四周，很容易发现有三类办公桌：

第一类：井然有序。

这个办公桌立即显示出主人重次序的特点，他做事的时候常常比较稳妥，比较有毅力，在遇到大任务的时候，不紧张，擅长有条不紊地合理安排工作环节。

第二类：杂乱型。

办公桌的主人常常处于忙乱状态，他很可能很善于口头表达及策划一些短期的项目，但是事情越来越多的时候，他有可能心浮气躁。

第三类：个性特色。

桌子上摆了一些主人喜欢的东西，这张办公桌是主人情绪的延伸，是个性得以展现的道具。他也可能总是充满热情和活力。

如果，此时你感觉上面所说的基本是对的，那么，现在有关办公桌与人际关系的情况就要大大注意了。

正因为大家会通过观察办公桌去观察人，所以，你想让别人怎么看？

你可以表露自己，但是你不能引发别人的误会。

当老板看到有一张办公桌完全实行了无纸化办公，桌面上一张备忘录、便签纸都没有，他会感觉太没安全感了。因为这毕竟看上去像没有人坐在那里工作。

还有的办公桌也会让老板感觉心烦，就是个人化太明显的办公桌。例如，垫子、各种各样的照片框、纪念品、造型特意的水杯、如果再放个玩偶，就更让老板崩溃了，因为这太不像职业人的办公桌，倒像是一个心智不成熟的孩子享受私人空间的地方。

最后要提醒的一点是，办公桌上透露的信息的确代表了你的人品和水平，如果你是销售人员，偏偏在办公桌上放一些《如何搞定客户》之类的书，如果有一天，你的客户偶尔看到了，估计他的心理会有些不一样的感受吧。

犯了错误不失威信

美国一位名叫墨菲的上尉，他认为他的某位同事是个倒霉蛋，不经意说了句笑话："如果一件事情有可能被弄糟，让他去做就一定会弄糟。"

越紧张越容易犯错，这就是墨菲定律。

工作中，你能犯多大的错误？

曾经有消息说，一对夫妇居然成功通过白宫多道安全检查，混入了美国总统奥巴马为印度总理辛格举行的国宴。随后，两人在知名社交网站“脸谱”上发布了与包括美国总统、副总统在内的各界名流政要的合影，成为当年轰动一时的新闻。

当时，美国特勤局主管怎么处理这件事的呢？

这位主管白宫安全问题的责任人是如何为自己开脱的呢？大意是说：就我局去年对有关白宫的120万来访者的视频监控以及和总统、副总统及其他人相关的1万处地点的安全保护的工作情况来讲，我们做得还不够好。

这番话成功地将人们的视线转移至他们鲜活的工作量上。这两个具体数字让人能够感受到，他们虽然犯了错，但是特工们整天盯着各国政要视频的无聊画面，不仅工作无聊，而且工作量还很大。

这样，他不仅没道歉，还理直气壮地说，只是做得“不够好”。

实际上，这个回应恰到好处，成功在于含蓄地表达了工作量的巨大。如果单纯说“我们太忙、太累了，一天要工作20个小时”，华尔街的经纪人会对他拍桌子说：“当年我们每天不睡觉，做错事之后不是照样被解雇吗？”

可是他没有，负面的消息只能让大家认为自己无能，而客观的数字非但不是证明他们做错了什么，而是证明了他们做对了很多事情。

职场中，遇到错误狡辩是没有用的，但是不得不承认的是，你不能因为一个错误就否定自己的全部。

如果那样，你自己倒下，就自然要被别人踩死。

所以，无论怎么样，你都不能被一次失误打败，垂头丧气。天塌下来，也要表现出无所畏惧的样子。

当然，任何错误一定要形成文字记录，提醒自己不再犯同样的错误。在错误中成长，而不是在错误中丢了最宝贵的东西——自信。

小事做好显优势

职场中，大关系有时候是靠小事情维护的。

小事情做得好，既讨巧还不留痕迹不容易。

有一句话叫“有眼力见儿”，什么是“眼力见儿”？“眼力见儿”就是往往反映一个人心理“有没有事儿”，会不会办事情。

我有个朋友叱咤商海，他有个最信任的助理。很多麻烦事情交给这个年轻助理都会安排得非常好。

怎么发现这个年轻人的呢？

当初朋友忙重大项目的时候，这个新来的年轻人主动推迟了下班的时间，朋友的公司有个规矩，不提倡加班。可是，完全按照领导意思照做的人，是不可能出彩的。年轻人留在公司就为了在朋友有任何需要时能够给予相应的帮助，例如复印文件、发快递。

正因为他积极承担了这部分工作，让朋友记住了他的名字。经过一段时间的观察，年轻人的确非常不错，于是在大家都震惊的时候，这个年轻人升职了。

也许大家会感觉这个年轻人太会讨好别人了，可是，帮老板分忧解难也是一个人良好的职业素养。

虽然我们不必认为让老板高兴是自己工作的目的，但是能帮助老板的时候，他们也需要你搭把手的时候，我们伸出善意的手，就如同对待陌生的需要帮助的人。这不是谄媚，而是向上的善意。

当然，不但对于老板如此，对于其他同事也应该如此。帮助别人搬开脚下绊脚石的同时，恰恰也是在为自己铺路，任何一种努力都不会白付。帮助他人，换来了尊重和器重，并同时显示了自己的能力。

能力允许的情况下，何乐而不为呢？

带着答案提意见

有一次，去朋友家做客。

看到孩子玩完玩具，就随手放到地上。

朋友立刻说："你不能放在地上。"

孩子马上拿起来，放到桌子上。

朋友又马上说："不能放到桌子上。"

孩子茫然了。

我打断了朋友，笑着说："告诉他，应该放在哪里。"

你在工作中会经常给领导和同事提意见吗？

如果总是提意见，而没有方法，提意见就会变成了强人所难。

工作中同样如此，出发点是善意的，我们不但要用一种温和的方式，能够充分照顾他人的自尊表达出来，还要注意，带着几个解决问题的方案去提意见。既然是提意见，就必须言之有据，不仅要把自己的意见表达出来，还要以大量的数据材料为依据，使意见站得住脚，否则一旦被领导问住了，就容易造成信口开河的负面影响。

选择适当的时机提出来，还可以在提意见的过程中，用举例子这种轻巧的方式提出来。

最后要说的是，给他人提意见的时候，一定要密切注意对方的反应，通过他的表情及身体语言所传达的信息，迅速判断他是否接受了你的观点，不能一味地只管自己说了内心舒服。如果过于“热心”，会使自己“冲”过头，意见就会变成了挑剔，得不偿失。

一句话回味

有这样一句话：一个人的房间有多乱，就表示他的心有多乱。职业化的表现，正是在点滴中的透露。

跳槽也要拼人缘

跳槽之前多准备

有这样一个寓言，猫头鹰急促而忙碌地在树林里飞着。

它告诉一旁好奇的斑鸠："在这个树林里，我实在住不下去了，这里的人都讨厌我的叫声，我要搬家。"

斑鸠带着同情的口气说："你唱歌的声音实在聒噪，令人不敢恭维，尤其在晚上更是扰人清梦，所以大家都很讨厌你。其实，你只要把声音改变一下，或者在晚上闭上嘴巴不要唱歌，在这林子里，你还是可以住下来的。如果你不改变自己的叫声或夜晚唱歌的习惯，即使搬到另外一个地方，那里的人还是照样会讨厌你的。"

这说明，逃避永远不是解决问题的方法。

结合我们今天所讲的跳槽，很多人容易把跳槽和离职的概念相混淆，有人在原单位工作得很不多，因为和同事，或者和客户之间因为有一些不愉快，就彻底放弃了工作。

这种行为是非常不负责任的，因为一个人如果总是在与他人发生矛盾的时候逃避，就会形成人事上的习惯性逃避，也会弱化对人际社会的适应。

要知道人在群体社会中生存，一定和他人之间有着不愉快的地方，这是不可避免的。

快速离开让自己不舒服的人，会给自己带来短暂的心理安慰，但这种获益如同喝酒解忧一样会让人成为习惯。形成习惯后，到了新单位，发生了人际问题，还想接着跳，于是，跳槽就成了习惯。

如果你想跳槽，而不为明日的面包发愁，就应该理性跳槽，并且应该在跳槽之前做好以下准备。

积攒起必要的口碑，例如，在你所在的领域至少让大家感觉你的名字有点熟，而且要准备好你的证据，就是你的工作业绩，进行详细的整理和记录，增加跳槽的筹码。

还要准备时间，可能这会让人觉得吃惊，实际上，你想离开原单位，原单位的门道你都已经摸清了吗？如果你原来的公司不是一个不靠谱的单位，建议你最少在那里待上三年，如果当年你进入公司三个月没走，就意味着你当年能够顺应文化，也能够胜任工作。

多给自己一点时间去成长，等摸清本公司的门道再跳槽，想想看，三年跳一次和一年跳一次给人的感受有多么不同。

跳槽不等于一刀两断

职场生活中会出现一些不可调和的矛盾。

拿跳槽这件事来说，多数人离职的时候，心里会对原单位或者对以前某位领导不满。

可是肆意表达这种不满，只能加速让以往的努力全部变成“沉没成本”。沉没成本是经济学的一个术语，指的是前期已经投入的成本。

在职场中，对于其工作范畴内所投入的精力与智慧，可能短期没有收到效益，但是不断设定目标，不断变换行当，频繁跳槽，总体成本就要高得多，因为样样都得从头做起，以前所谓沉没成本（积累的基础）就几乎没有利用价值地废弃掉了。

所以，在一家企业供职期间投入的精力、财富不能简单视为已经沉没，它会以不同形式展现其回报的价值，而继续投入的成本低于跳槽后再次投入新企业的成本，这一点在人脉方面体现得尤其明显。

拿一个人和前任老板的关系来说，但从职业的角度出发，尽量不要再提起过去，将对日后与前任老板相处大有益处。切忌抓住过去的恩恩怨怨不放，在现任老板或朋友那里到处散布的行为。

曾经有人说，当一个人说另外一个人的坏话时，会有 17 个人知道，这也是广告效应的范围。

前几天一个朋友和他的前任老板终于“相逢一笑泯恩仇”了，他说：“其实现在回想起来，让我进步最快的是一个对我最苛刻的老板。他让我承受了很多挑战和困难，也使我成长得最快、学到的东西最多。”

其实，天下没有完美的人，但大部分人身上可以学习和借鉴的东西还是很多的。

如果离职后，你有缘与前任老板见面，一定要尊重他，也尊重自己的过往。表现自然、亲切，会拉近彼此的距离并增进感情，同时又表现出你的大方和职业风度。

毕竟在这个信息流通如此自由的环境下，从我们工作的圈子和人员来看，行业、专业和客户都是有限的，因此彼此见面和交流的机会会很多，网络的发展更让我们感到“世界越来越小了”，要时刻做好在不同场合与某人不期而遇的准备才行。

当然，如果为了自己的职业发展才跳槽。在这种情况下，有必要让你的老板自始至终认可你的职业修养，可为日后保持良好关系打下坚实的基础。

可以留下你的联系方式和电话号码，与老板和同事吃上一顿轻松的晚餐，也是不错的告别方式。记得离开后不时打个电话保持联系，关心公司和同事的发展，与老板聊聊行业的发展动态，会给你带来意外的收获。

经营人脉有时候如同天上的云彩，你不知道哪片儿能落下雨，只有广结善念，才有可能心想事成。

流程合理不伤人脉

跳槽是与旧工作的告别，也是新生活的起点。不要认为跳槽就意味着和过去的公司、工作、同事一刀两断，没必要讲究礼仪。其实，跳槽的姿态够不够优雅，反映着一个人的职业素质和诚信度，对职业形象的塑造和人脉的巩固大有影响。

跳槽，要注意职业化的流程，按照这样的做法，至少能保证不失大格。

第一，当你决定要跳槽的时候，要光明磊落地告诉你的领导。

千万不要找借口，或者请病假，然后就不辞而别。

而且谈这件事的时候，你要作出承诺。承诺离开后，会保守公司的商业秘密；承诺自己会做好一切工作交接，并给出一定的时间让公司重新调整员工岗位。

第二，要准备好书面辞职信。

一封合格的辞职信一般包括以下内容：离职原因、离职期限、工作的交接、向公司表示感谢的礼貌用语，也可以再加上一些个人的意见和建议，推荐合适的接班人等内容，保持平静和客观会让你非常有尊严。

第三，交接工作要善始善终。

可将自己的工作内容、交接事项列出清单，和接任者充分沟通，确定对方完全了解自己的工作。然后，通知客户及其他合作伙伴，并感谢这些合作伙伴，亲口对他们说感谢对方这些日子以来对自己的照顾。

在你的公司创业

别急着跳槽，当你还不知道可以在自己的公司创业的时候。

讲个朋友的故事：他大学毕业后就通过家里的到当地一家银行上班，在我们看来这已经是相当不错的工作。可是，有一天，朋友开始给自己的未来做规划的时候，他感觉十分痛苦。他想，自己就算是干一辈子，也永远当不上银行的老板。与其这样，倒不如另创一门事业，还有机会做老板，不是更有满足感？一连串的问题，让他萌生了离职的念头……

可是，朋友没有离职，他给自己制订了一个宏伟的规划，就是在自己所在的银行创业。

他开始为未来转职铺路，计划自己只在银行做几年，目的是尽量掌握银行的运作知识，为日后创业所必需的财务借贷与资金营运打好基础；他又趁还在银行工作的期间，建立人际网络，由社会成功人士到私营业主……

朋友也都广泛结交。

几年下来，朋友所拥有的“钱”途不算丰厚，但人脉却算是结下不少。

他第一次跳槽没有任何困难,有“贵人相助”。而这些“贵人”，都是当年在银行工作时结识的中小企业老板。

朋友甚至给我讲了当年一个有意思的事情，有个投资公司的老板来银行申请贷款，约朋友喝茶聊天，席间突然拿出一份报纸放在朋友面前，朋友意识到报纸下面有乾坤，就没有收，直接将报纸退回，后来，这个老板居然对手下说："再来一份报纸。"

朋友只得说明协助客户融资是自己职责分内的事。从此他和这位老板建立了互信关系，也保持联系，后来朋友打算转职，便得到他的出手引荐帮助。

一句话回味

当一个问题不解决的时候，换另一个地方，问题依然存在。